論 ウメハラの流儀

梅原大吾 Umehara Daigo

小学館新書

はじめに

2012年の春、僕は初めての本『世界一プロ・ゲーマーの「仕事術」 勝ち続ける意志力』(小社刊)を出版しました。

この本は、僕の予想を大きく上回る方々に受け入れていただきました。今まで味わったことのない嬉《うれ》しさを感じた出来事でした。

格闘ゲームどころかゲームそのものにもほとんど関心がない人、他の仕事やまったく違うジャンルで生きている方に僕の考えが届いたことが、嬉しかったのです。そして、格闘ゲーマーである僕が、ゲームを通じて考え、ゲームからつかみとってきた内容が、読者にスムーズに受け入れられたというのは、少しだけ意外でもありました。もう少し苦労するかと思っていたのですが、それはいい意味での勘違いだったのです。

僕は、日本人として初めてプロのゲーマーになりました。そして気がつけば、「世界で最も長く賞金を稼いでいるプロ・ゲーマー」になっています。

それは、僕がゲームで勝ち続けていることの結果です。

7歳年上の姉がしていた、『スーパーマリオブラザーズ』が、僕が初めて遊んだゲームでした。僕の両親は共働きでしたから、子どもの頃、下校時間からの数時間は、ゲーム一色でした。

とにかく出合った時からゲームは好きで、工夫や努力によって結果が出る繰り返しが楽しく、いつでも熱中できました。

当時僕は青森県に住んでいて、小学校2年の時、東京に移ってきます。その頃から僕は、自分の生き方に、違和感のような、危機感のような気持ちを抱いていたのです。いったい自分は、どこに力を注ぎ、どんな努力をして、何を成し遂げたいのか。スポーツは得意でしたし、才能はあったと思います。でもその世界で努力しようという気には、どうしてもなれませんでした。

小学生の頃は一緒にゲームをしていた友達や同級生たちが、野球やサッカーという、いわばメジャーな分野に進んでいくのを見ながら、僕は相変わらずゲームが好きでした。

今に至る付き合いになる格闘ゲームに出合い、夢中になったのは10歳の頃でした。

しかし、自分にはゲームしか好きになれることがないけれど、果たしてこれでいいのだろうかという思いもありました。プロ野球選手やJリーガーのような到達点は、当時のゲームの世界にはなかったのです。

中学生になると、僕はどの部活動にも属さず、ゲームをすればするほど、いよいよ孤立の度合いを高めていきました。

そんな僕に居場所を与えてくれたのは、ゲームセンターでした。中1の終わり頃から電車に乗って都心部のゲームセンターに通い始め、年齢の違うゲーマーたちと、大好きな格闘ゲームで勝負する日々が続きました。それは、初めて味わう楽しい時間でした。

年齢が進み、高校受験がクローズアップされてきても、僕はゲームにしか打ち込むことができませんでした。

どうして勉強やスポーツに熱中するように、格闘ゲームに力を使ってはいけないのか。

その答えを、当時の僕は、自分のゲームに対する努力が足りず、価値を認めてもらえていないからだと考えました。

ならば、誰もが僕のことを、そして格闘ゲームの魅力を認めるまで完璧になってやる。そんな思いを練習や分析の時間に変えて一段と打ち込み始め、14歳の頃には、誰と戦っても負けない状態にまで強くなります。

格闘ゲームは、新しいゲームに入れ替わると、基本的にそれまでのアドバンテージがクリアされ、すべてのゲーマーが同じスタートラインに並ぶことになります。僕はその機会を得て、15歳で全国大会で初優勝を遂げ、17歳の時には世界大会でアメリカの王者を破り、世界一の称号を手にします。

しかし、僕はそのままゲームの世界を走り続けてきたわけではないのです。その後も国内、海外の大会を制しながら、僕の頭の中に常にあったのは、格闘ゲームに対する世間の見方を変えたい、ということでした。野球やサッカーのように、学問やビジネスのように、ここにも真剣勝負の世界があり、発見も感動もある。もともとそれを証明するために、僕なりに一生懸命取り組んできたのです。

ただ、一向にその気配は感じられませんでした。「世界最強」とか「神」と呼んでくれるのは、あくまで限られた格闘ゲームの世界に住む人だけだったのです。

僕は23歳でゲームの世界を諦め、麻雀に転向します。詳しくは後で述べますが、3年の間、基礎から第一線で勝負できるまで実力を磨いたのに、その目標を達成すると、あべこべに勝負にこだわって生きていくことに失望した自分がいたのです。

僕は、26歳の時に、子どもの頃から親しんできたあらゆる勝負事を放棄し、勝ち負けが関係ない世界に生きようと考え、老人福祉施設で介護の仕事を始めました。

ずいぶんな回り道をしたあげく、僕は27歳で再びゲームセンターに戻ってきました。すると、勝ち負けにこだわらない勝負の形があること、勝つことへの執着から解放されるようになって、かえって勝てるようになることを悟ります。

僕は再び格闘ゲームの世界に戻り、世界中のゲーマーを相手に戦うことを選びました。その後、幸運もあってプロ・ゲーマーへの道が開け、現在に至ります。

僕が前回の本で、こうしたこれまでの人生を書いた理由は、単純に格闘ゲームに取り組んできた自分の歴史を知ってほしかったからだけではありません。

格闘ゲームは、ただ目の前の相手を倒すだけ、徹底的にぶちのめすためだけに取り組むものと考えられがちです。確かに、表面的にはそう見えてしまうかもしれません。

でも、僕はどうしてもそう思われたままでいることが嫌でした。格闘ゲームに出合ったばかりの子どもの頃から、ずっと不満を抱えていました。

格闘ゲームで強くなるために、僕は努力を重ねてきました。それは、例えば野球で甲子園に出るようなピッチャーが一生懸命練習を重ねることと、本質的に何も変わりません。少なくとも僕の中ではそうでしたし、プロ・ゲーマーとなった今でも同じです。

野球でもサッカーでも、もともと注目されている種目、確立されているジャンルで活躍するスターには、多くの人が興味を持つし、マスコミも取材にやってきます。本人もそれに答え、自分の思いや考え方、練習方法を語ります。

でも、格闘ゲームにだって、同じように思いや考えがある。それに基づいて努力し、力を発揮して、僕は結果を残してきたのです。

僕は、今よりもずっとゲームに対する世間の理解がなかった頃から、どうすればゲームを知らない人、ゲームに関心がない人にまで、ゲームをもとに考えてきた内容を認めてもらえるのかを、常に考えていました。

どうして、高校球児はインタビューを受けて、自分はそうではないのか。これは、ある意味コンプレックスに近かったといえます。

野球少年は、わざわざ野球の素晴らしさ、楽しさを、ゼロから伝える必要はありません。多くの人はもうわかっているからです。僕も同じように、ゲームセンターの仲間やゲーム好きだけではなく、自分の両親や、ゲームに関心のない同級生、ゲームをしたこともない世間の人に、僕のしていること、考えていること、そこから得られたものは何なのか、どういうことなのかを、どうしても理解してほしかったのです。しかし、格闘ゲームがそうしたところまで行き着くためには、例えば僕がただ目の前の相手を圧倒するだけでは、まったく足りないのです。

僕は、例えば自分が高校球児のようにインタビューされたら、自分のプレーや自分の練習方法、そこにかける思いをどう答えるのか、いつも頭の中で考え続けてきました。自分が格闘ゲームでしていることを一般の人にも理解してもらうため、常にそこで感じたこと、考えたことを日常生活に置き換える作業を、人知れず繰り返していたのです。

だからこそ、前作でゲーム雑誌ではない一般の読者向けに、子どもの頃から自分の中にあった思いを文字にして、それを一般の読者からポジティブに受け取ってもらえたのは、30歳を過ぎて自分が初めて知った喜びだったのです。

同時に、僕がしてきたこと、考えてきたことは間違っていなかった、格闘ゲームの枠に収まらない考え方をしてきてよかった、という確認をすることができました。

いろいろと自分自身に変化もありました。

本が受け入れられたことで、ほかにも初めての経験をさせてもらうことができました。ビジネスをはじめとした他ジャンルの人と出会い、対談する機会が増えました。

100人以上の、しかも自分より年上のビジネスパーソンを対象に講演を依頼されたのには驚きました。何事も経験ですから引き受けたのですが、嬉しい半面、これが意外にも僕には強いプレッシャーになり、だんだん期日が迫ってくると人から追いかけられる夢を見るようになったりしたのです。自分でも少し意外でした。

講演をするにも、やはりそれ向けの技術や知識、訓練が必要なのだ、ということが、体感できただけでも、とても貴重な経験になりました。正直しんどい仕事ではありましたが、自分でやり遂げ、自分の頭と身体《からだ》で体得する。これは、今回の本で述べていく重要なテーマのひとつです。

今回再び本を出版するにあたって、どうしても伝えたいことがあります。僕自身の人生は、前作である程度伝えることができたと思います。特に、さまざまな人生のポイントにおいて、僕がどう考えてきたのかという「思い」については、出せたと思うのです。

しかし、「勝負」についての僕の考え方は、必ずしも十分伝えられませんでした。書き足りなかった部分が多かったと思うのです。

それは、例えばこんなことです。

・そもそも「勝負」とは何なのか？　何が「勝ち」で、何が「負け」なのか？
・「勝ち続けること」と、単発の「勝ち」はどう違うのか？
・なぜ勝ち続けることが大切なのか？

・どうして僕は勝ち続けられるのか？　そして読者の皆さんがそれぞれの世界で勝ち続けるには、どうすればいいのか？

この本の目的は、勝ち続ける方法、勝ち続ける自分の作り方を考えていくことです。もちろん格闘ゲームにおいてではなく、できるだけ一般的な話として置き換えます。

いきなりですが、まず簡潔に、結論を述べておきます。

勝ち続ける、というのは、つまり成長し続けているということです。

同時に、決して誤解してほしくないのは、ある時点での実力差、能力差は、その後の成長力で必ず埋められるということです。これは、どんな世界でも共通していることだと思います。

だから、実は目先の勝負に勝ったか負けたかは、「勝ち続ける」こととは必ずしも一致しません。むしろ、勝ちにこだわりすぎるあまり勝てなくなることや、ある勝負に勝ったことでその後勝ち続けられなくなることもあるし、無残に敗れたことでよりいっそう成長が促され、勝ち続けることができるようなケースもあるのです。

勝ち続けているかどうかは、短期的な、その場その場の勝敗には左右されません。成長がなければ、勝ち続けることはできません。

そして、高いレベルの世界に到達しても成長し続けるのは、意外に難しいことです。僕が伝えなければならないのは、そこに行き着いた後のことまで視野に入れながら、行き着くまでの努力を続ける方法です。


格闘ゲームは、とても極端な世界です。

野球なら、ルールそのものが大きく変わることは基本的にありません。いきなりポジションが15個になったり、塁間が狭まったりはしません。世間に隠していたことが問題だったとはいえ、ボールの反発力がわずかに上下しただけで、プロ野球界は大騒ぎなのです。

ところが、格闘ゲームは遅くとも2年ほどでみんながプレーするゲームが入れ替わったり、新しいバージョンに切り替わったりします。そしてそれまでのルールも、そこにぶら下がっていた技術や知識も、一気に陳腐化してしまいます。ソフトだけでなく、ハードが変化することもあります。

その中で、確かに僕は勝ち続けてきました。でも、すべてがリセットされた状況で、僕がいきなり勝ち始めることは基本的にありません。むしろ、最初のうちは負け続け、失敗ばかりなのです。「いよいよウメハラも終わったな」などと陰口を叩《たた》かれることもしばしばですが、実はそこからが本当の勝負なのです。

違うゲーム、新しいバージョンに、それまでの知識やテクニックを持ち越すことはできませんから、スタートラインは全員同じはずです。

しかし、勝ち続けることの意味を知り、成長を続けている人は、最終的には確実に有利になります。やがて勝負においても、誰よりも強いというところにまで行き着けるようになるのです。

その理由は、僕が考えてきた「勝ち続ける自分の作り方」が、必然的に遠回りを余儀なくされ、歩みが遅く、さんざん壁にぶつかって傷だらけになる方法だからです。いつまでも向こう側に明かりが見えない、長い長いトンネルを走り続けるようなものです。

どうかすると、途中の段階では僕自身でさえ「いよいよ今回はダメなんじゃないか？もう出口なんてないんじゃないか？」と思うことがあるくらいです。

でも、結果として今まで一度も出口にたどり着けなかったことはないし、一度出口を過ぎた後は、立場の逆転が起こり始めるのです。汗をかき、恥をかきながら得てきた知識と経験が、実はその後の余裕、手数、発想法の豊かさにつながります。

取り組み初めの段階で、ボロボロになりながらも自分の頭と身体で理解できるまで基礎を繰り返し、自分がしていることの本質を知る力が、実は誰にも真似のできないプレーを生み出す素地になっていきます。

少なくとも、僕の人生はそればかりです。だから、これは経験から得られた真実です。これを認めなければ、決して器用ではない僕が、今でも勝ち続けている理由が説明できないのです。

この本は、なるべく格闘ゲームや麻雀などの例を用いず、できるだけ一般の読者が応用できるようなスタイルで、僕の考えてきた思いを普遍的に述べてみようと思っています。

意気込んでいる割に、結論は案外平凡なものに見えるかもしれません。自分でも、さんざん考えた結果出てきた答えが、昔から言われてきた当たり前の言葉とほとんど同じものになることがよくあります。

でも、そこにこそ、僕は真実があると思います。

当たり前のこと、誰もが知っていることを、人から言われてただ当たり前のこととして無批判に知識にする人は、実は高いレベルに到達した後ですぐにお釣りがなくなります。一方で、身を削ってあらゆる可能性を試し、どんなに不格好でも自分の頭で考えて得た経験を持つ人は、高いレベルにたどり着いてからも、成長を続けることができます。別の言い方をすれば、自分の成長を実感し続けることができるのです。それが、最終的な、そして決定的な差として最後に物を言うのです。

だから、本当はやる気はあるけれど不器用で不向きなほうが、好きだけど不得意な人が意識的に努力を続けたほうが、ただ才能だけで走ってしまう人よりも、最後には強くなれる可能性を秘めているのです。

本を出版したことで、僕は「本を出版した自分」を客観的に見るという経験をすることもできました。

僕は格闘ゲームを努力してきたことでプロ・ゲーマーになれ、本を出版する機会に恵まれました。自分自身のこれまでの頑張りにはプライドがあります。すべて自分の頭で考えてきたことだからです。

同時に僕は、とても幸運に恵まれているとも思うのです。

僕の父は、僕にとってもっとも尊敬するべき人物のひとりです。父のいろいろな言葉、考え方が、僕に大きな影響を与えています。そのうちのいくつかは、この本でも触れることになります。

23歳でゲームの世界に一度絶望し、麻雀の世界で生きていこうと決めた時、僕に深い示唆を与えてくれたHさんという人がいます。前回の本で書かせていただいたTさんよりも前の段階で、プロの麻雀打ちになる決心を後押ししてくださった恩人です。

僕は、今こうして出版社から再び本を書くよう勧められ、自分の考えを読者の皆さんに問いかけることができます。しかし、その僕に強い、深い影響を与えてくれた父やHさんの考えが本になることは、少なくとも今のところはありません。それでも、僕にとっては師匠と呼べる人であり、今も折に触れて、教えてもらった言葉を思い出すのです。かなわないな、と思うこともしばしばです。

いったい、この差は何なのか。

僕なりに考えた結論は、それはたまたまそうなっただけなのであって、めぐり合わせとか、運に近いものでしかない、ということです。

僕が小学生の頃から、自分が好きだった格闘ゲームを自由にやらせてもらえたのは、家族のおかげです。父がもし、おそらく一般的な小学生の親と同じように、格闘ゲームにのめり込みすぎる僕をゲームから引き離そうとしていたら、たぶん今の僕はいないでしょう。

思えば、父は祖父から、そして祖父も曽祖父から、若い頃したかったことを止められた経験を持っています。

父は剣道や空手、柔道など武術が好きで、哲学にも興味を抱いていたといいます。祖父は僕が生まれるよりも前に亡くなっていますが、将棋と踊りをしたかったそうです。

僕の父は長男です。そして父が若かった時代の長男は、家を背負い、家族や両親を養っていかなければいけないという責任が、今よりもずっと強かったといいます。だから父は、自分がやりたかった道を進まず、いわゆる「手堅い」仕事をしてきたことを納得しています。

それでも時々、もし若い頃やりたかった道を好きなだけ突っ走ることができたら、いったいどこまで行けたのかを考えるといいます。特に、歳を重ねるほど。

父は、自分が好きなことを選べなかった人生を送ったからこそ、たとえどんなことであろうと、僕には好きなことを目一杯させてくれたのです。とてもありがたいことであると同時に、当時子どもでしかなかった僕にとっては、幸運だったとしかいいようがないことです。

また、祖父や父の好きだったジャンルは、僕の好きな格闘ゲームとオーバーラップしているところもある気がします。父や祖父がやりたいことをぐっと我慢し、社会や世間に対して梅原家が作ってきた「貸し」が、今利子がついて、まとめて僕のところに返済されてきているのかもしれません。

Hさんのことは後で詳しく述べたいと思いますが、麻雀で強くなりたいと悩みながら、不器用さを全開にしてもがいていた僕に、同じような人生を送った経験から、ぽつりぽつりとアドバイスをしてくれました。その言葉は、観念的だったからこそ、僕の心にしみました。結局僕はプロの麻雀打ちにはならなかったけれど、Hさんにもらった言葉は、僕の中でもっと普遍的な価値を持っているのです。

父も、そしてHさんやTさんも、本当に尊敬すべきすごい人なのに、有名人でもなんでもありません。世間的には、市井の一人物にすぎません。

そして、どんな時代であろうと、きっと社会のあちこちにこういうすごい人がたくさんいると思うのです。

彼らの教えを受けて生きてきた僕は、今、たまたま自分の発言を広く世間に問いかけることのできる「権利」を得ているだけなのです。それは、僕が特別すごいのではなく、たまたまその役回りが、僕のところに偶然、幸運にも巡ってきただけなのです。

お前はもう有名人だからそんなことが言えるのだ、という批判もあるでしょう。実績を作ってからそういうことを言い出すのはアンフェアだ、と言う人もいるかもしれません。

でも自分は、自分が考えてきたこと、そしてそれに強い、ポジティブな影響を与えてくれた先達の言葉を伝えていくことは、権利を得た自分にとっての使命であり、義務に近いことだと考えます。

これから僕が述べていくことが、すぐに読者の皆さん一人ひとりの心に、同じように染み渡るかどうかはわかりません。ある部分は伝わっても、別のある部分はピンと来ない、ということもあるはずです。

そもそも矛盾するような、身も蓋《ふた》もないようなことを言ってしまえば、本を読んだだけでわかられてたまるか、という気持ちもあります。

でも、これから皆さんが自分の力で成長をし続けることができれば、時々トランプの神経衰弱ゲームのように、「そうか、あの時ウメハラが書いていたことはこれだったんだ」と思い出してもらえるような瞬間がきっと来ると思います。僕もまた、そうだったからです。

僕は、ここ2、3年の自分が、今までの人生の中で一番幸福感の高い状態にあると断言できます。

自分で考えてきたこと、出てきたシンプルな結論の一つひとつがつながり、結びついて、思考がとてもクリアになりました。その結果、迷うことも、悩みらしい悩みもなくなり、ただ好きなことに取り組み、楽しく成長し続けられるという毎日なのです。

こんな日が来るなんて、少し前の自分、特に一度ゲームを、勝負の世界を諦めた頃の自分には、絶対に信じられなかったと思います。できることなら、タイムマシンに乗って過去の自分に教えてやりたいくらいです。

僕が勝ち続けたいと思い、また勝ち続けられているもっとも根本的で単純な理由は、「幸せになりたいから」です。

つまり、勝ち続けることが、今の僕にとって満足感が高いからこそ、そうしているのです。

しかし、世の中は決して幸せそうな人ばかりではないようです。悩み、もがいていた僕の本を広く受け入れてもらえたのは、かつての僕と同じように苦しんでいる人からの共感が少なくなかったのではないでしょうか。

恩返しは、本当なら僕が今までお世話になった人にするべきことでしょう。でも彼らは、僕の「お礼」などまったく必要としない人ばかりです。

だから、むしろ過去の自分のような人たちに、僕の考えを感謝を込めて述べていきたいと思います。

この本が、皆さんにとって勝ち続けること、成長することの素晴らしさを知るきっかけとなれば、そして、まだ隠れたままでいるポテンシャルを引き出すことになれば、これ以上の喜びはありません。

２０１３年　９月

梅原　大吾

勝負論　ウメハラの流儀 ▒ 目次

を許さない心理だ／いびつな、未完成な自分を抱えたまま走ればいい／勝ち続けることは、同じメニューを食べ続けないこと／頑張ることの価値など、誰も教えてくれない／打開する方法も力も、自分自身の中にある

第2章

勝ち続ける自分を設定する

どうして不安になってしまうのか／今の僕に目標はない／強すぎる思いが自分自身を縛っていることもある／自分でなければできないこと／不自由な環境を経て自分の能力を知る／リアルな人生でどう才能を生かすのか？／成功したのは、たまたまの結果でしかない／みんなと同じ事をしなかった理由／進むべき道は、必ず自分で設定する／回り道が必ず役に立つ／勝つことにこだわりすぎることで勝てなくなる／行き止まりとわかっている道でも進む意味があるかもしれない／ル

第3章　勝ち続ける基礎を固める

第4章 勝ち続ける知識と思考

ロにとっての成長は、ほとんど目に見えない／小さな変化を実感する方法／成長していれば、どんな変化にも対応できる

第5章

勝ち続けるメンタルの構築法

勝つために手段は選ぶ／フェアであることの大切さ／運と向き合う／幸運で勝ってもおごらない／勝っても負けても泣かない理由／大舞台で緊張しない方法／感情をコントロールする必要性を理解する／自分の中に、もうひとりの自分を設定する／考える前に行動すると感情を支配できる／自分は自分に影響される／外からの評価をどう扱うか？／安心を得るために孤独を避けない／孤独は確率論的にも避けられない／孤独に耐えたからこそ得られる人間関係がある／いつ報われるかなんて、考えなくていい／限界があることを知るたび、穏やかになっていく／今しかできないことが必ずある／結局「死

にはしない」

あとがき

第1章

なぜ勝ち続けることが大切なのか？

「勝ち」と「負け」、そして「勝ち続ける」を定義する

「勝つ」の反対語はもちろん「負ける」だが、「勝ち続ける」という言葉の反対は、挫折になるのではないだろうか。

この間には、大きな違いがあるように思う。

何らかの「負け」を経験することで、自分には才能がないとか、もう芽がないと思う。だから続けることをやめ、諦める。そしてその先は、「諦めてしまった自分」「投げ出してしまった記憶」を背負いながら、「自分は負けたのだ」と感じながら生きていく。

本当に辛《つら》いことだと思う。僕は一度格闘ゲームを投げ出し、さらに勝負の世界そのものから抜け出したことがあるから、その気持ちがよく理解できる。

当時の自分に、今の僕が声をかけるとしたら、こう言いたい。

「勝つ」と「負ける」、そして「勝ち続ける」とは何なのかを、自分なりに定義してみてほしい。そして、なぜ勝ち続けることが大切なのか、勝ち続けることによって何を得られるのかを、じっくり考えてほしいのだ。

格闘ゲームも、スポーツでも、勝ちと負けは明確に分かれる。倒せば勝ち、倒されれ

ば負け。より点を多く取ったほうが勝ち、そうではなかったほうが負け。誰が見ても明らかで、わかりやすい。

勝負をする以上、基本的には勝つことを目指し、勝ちにはある程度こだわっていきたい。しかし本当は、他人に勝つことではなく、成長することが勝利である。

格闘ゲームで勝ち続けている人は、決して目の前の相手を倒すことだけに関心があるわけではないと思う。少なくとも僕自身はそうだ。

常に目を切らさないようにしているのは、自分自身の成長である。そして、自分が成長の軌道に乗っているかどうかの確認作業だ。

僕は『勝ち続ける意志力』という本を書いているが、しかし表面的な意味での「勝ち」を、ずっと続けているわけではない。それでも僕が「勝ち続けている」と感じているのは、普通の人から見た勝ち、負けと、僕が考える「勝ち続ける」では、意味や価値が違うからだ。

あるゲームに僕が負けたとする。それは文字通り「負け」だし、僕も「ああ、負けてしまった」と思う。失敗やヘマをすることもある。

でも、そのことによって僕が「勝ち続けていること」が終わったとはまったく思わない。その基準は、自分が変化しているかどうか、つまり、成長しているかどうかだからだ。

あるゲームに負け、反省をし、自分の中に良い変化、つまり成長があれば、それは勝ち続けられている状態にある。反対に、負けたことで腐り、ふてくされたり、たまたま運が味方して勝ったことで浮かれ、そこから何も受け取らずに成長しなかったりすれば、変化がない以上「負け」なのだ。

勝ち続けることと、100戦100勝であることは違う

表面的に勝つか負けるかは、より高いレベルの勝負になればなるほど、運に左右されることが多くなる。

だから、僕が言う「勝ち続ける」とは、決して表面上の連勝、あるいは「100戦100勝」のような状況では絶対にないことをまず知ってほしい。

むしろ、連戦連勝、100%勝ちたいなどと望むのは、病気に近い危険な発想だと思

図① 「勝敗の結果」と「勝ち続けること」の関係

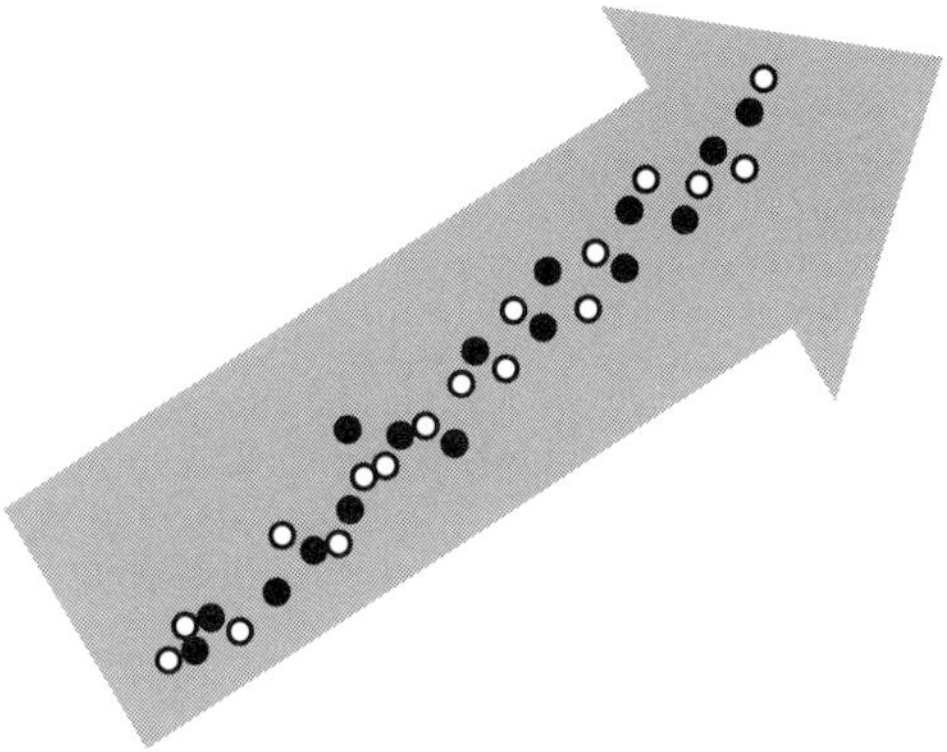

う。あるいは、魔法や超能力が使えるようになりたいというような、無邪気で無茶な希望に近い。

ある時点での結果、短期的な勝敗と、僕の言う成長の関係性を図にしてみると、例えばこんなイメージになる（図①）。

白星は勝ち、黒星は負けを意味する。

ある勝負では、白星が付いたり黒星が付いたりする。しかし、白星だからといって成長が得られないこともあるし、黒星でも大きく成長できることもある。

勝負である以上白星であるに越したことはないが、本当の問題は、それらが連続的に自分の成長につながっているかどうかだ。

大きな矢印が右肩上がりでいるかどうかである。僕は、この状態を「勝ち続けている」と考える。

成長してより高いレベルで勝負できるようになっても、対戦相手の実力もより強くなっているから、必ずしも単純に白星が増えるわけではない。実力はついているのに、単に白黒の並びだけを見れば、むしろ変わらないこともある。一般の人は星の色しか見ないから、なかなか「あの人は勝ち続けている」とは直感的に理解してもらえない。得して自分で見ていくしかないものだ。

僕は、自分自身の現状をこうした形で把握しているかどうか、そして、誰に何と言われようと自分が成長し続けていて、右肩上がりでいることを信じられるかどうかもまた、大切な能力だと考えている。

ゲームやスポーツではないこと、とりわけ勝ち負けのはっきりしない世界において自分が成長できているかどうかは、自分の感覚によるところが大きい。良いサービスができたか、という判断においては、客観的な白星・黒星ははっきりしないからだ。

勝つことは、実はリスクでもある

普通、勝てばほめられる。確かに勝てば僕だって嬉しい。

だが、実は勝つという行為には大きなリスクが隠されていることを、ほめられている人のほとんどは意識していない。

何かに勝てば、「勝った人」として、一段高いところに登る。勝ち続ければ、どんどん押し上げられていく。しかしそれは同時に、落下する際のダメージを大きくしていることにもなるのだ。

僕は中学生のある時期まで、腕相撲では誰にも負けなかった。体格が良かったし、腕っぷしにも自信があった。周囲には、あいつは腕相撲が強い、という定評があった。ところがだんだん同級生たちの体格や筋力が上がっていき、僕は勝てなくなった。その時の周囲の評価は、ただ梅原が負けた、ということには決してならない。

「あいつ、弱くなったな」

とても強い否定のされ方をすることになる。

一回の腕相撲で勝ったり負けたりすることは、誰が勝とうと負けようと、事情を知らない人の目には何も変わりはない。しかし、勝率がだいたい半々の人が勝ったり負けたりしても特に感動はないのに対し、今まで一度も勝ったことがない人が努力の末にもぎ取った1勝は賞賛され、ある意味持ち上げられる。逆に、連勝してきた人の1敗は、見てはいけないものを見せられたような感覚を持たせてしまう。

僕が今戦っているゲームの世界でも、それはまったくといっていいほど変わらない。チャンピオンになれば、とてもちやほやされる。だが、ほめられればほめられるほど、いつかやってくる次の負けにおける落下のダメージは大きくなる。

「何だあいつ、あの頃チャンピオンなんていってたのに、全然ダメじゃないか」

まるでほめた分の帳尻を合わせるように、叩かれる。中学生の時の腕相撲と同じなのだ。

人に見せることがプロの仕事だから、どんな評価をされようと仕方がないし、受け入れるしかない。それでもやはり、嫌である。強く叩かれても何も感じず、何とも思わない人は、僕の知る限りごく少数だ。

これは個人的な経験に基づく意見だが、僕は、もし勝ち続ける気がないのなら、いっそのこと勝たないほうがましだと思う。本当に嫌な思いをするからだ。

なかでも、「最初のうちだけ、ちょっと勝つ」というのはとても損だと思う。才能だけで走り始め、あっという間に限界に当たってボロボロになるまで叩かれ、諦める。結果論にすぎないけれど、もしそれが最初からわかっているのなら、最初からやらないほうがいい。

また、素朴に勝利のかっこよさに憧れている人もいるだろう。できることなら一度くらい勝ってみたい、表彰台の頂点に上ってみたい、と思わない人のほうがきっと少ないと思う。

でも彼らは、勝つことにはリスクがあることを知らない。勝てば勝つほど、いつか返済しなければならない「評判」を、利息付きで溜《た》め込んでいるのだ。そういう意味では、勝つなんてろくなものではない。ちょっと勝ってみたい、というくらいの気持ちなら、やらないほうがずっといい。やるからには、目先の勝負とは違う意味での「勝ち続ける意志」を持たなければ、ただ疲弊し、人生を傷つけてしまう。

誰だって、必ずいつかは負けを味わうことになるからだ。

どうすれば勝ち続けられるのか？

だから僕は、そもそも勝ち負けの世界だけが人生ではないと思う。実際僕はひどく疲弊して、一度は一切の勝負事を諦め、介護の世界で約1年半働いた。

それでも僕は、もう一度格闘ゲームの世界に戻ってきた。

その理由は、自分には勝負の世界のほうが、格闘ゲームで努力することのほうが成長が実感できて、楽しかったからだ。

僕は「人」が好きだった。他人と真剣に触れ合うための方法として子どもの頃に見つけたのが、格闘ゲームの世界だった。楽しかった。それからずっと、勝負だけを追いかけてきた。

26歳の頃、一度は極めかかった麻雀を投げ出し、すべての勝負を諦めた。その先に何があるのか、自分にとっての幸せがあるのか、急に疑問に思えてしまったのだ。

気づけば、学歴も職歴もない。社会的な評価は何も得ていない状態だった。そこで、まったく畑の違う介護の世界に進んでみた。

後で触れるが、介護の現場では大切な経験をし、教訓を得た。ただ深く自覚することになったのは、結局僕はひとりの世界にいるよりも、誰かと真剣勝負をしているほうが好きで、楽しい、という事実だった。

勝ち負けの世界は甘くないし、勝ったら勝っただけ、負けた時にはこき下ろされる。それでもやはり、僕は勝ち負けの世界を通して自分の成長を実感することのほうが好きだ、ということに気がついた。

人生は、幸福感を高めることがもっとも大切だ。だから、好きなところにいるほうがいいに決まっている。

僕が再び厳しい勝負の世界に戻り、勝つために努力している理由は、自分の充実度、満足度を高く保っておきたいからだ。

負けて叩かれることに耐えられないなら最初から勝負の世界で生きることを選ばないほうがいい、と僕が強調する理由は、別にそれがいいとか悪いとかという話ではない。そういう人にとっては、ある時点での勝ちが将来の不幸を生み出しているだけであり、長い目で見れば負けと同じだからだ。勝って不幸になるなら、勝負なんか初めからしないほうがいいに決まっている。不幸になってはどうしようもないからだ。

勝つことで不幸になる、という局面は実際に存在する。表面的に「勝ち」に見える現象が、幸福とイコールではない状況がある。

僕は、「勝負とは何か」「何が勝ちで何が負けなのか」、そして「勝ち続けるとはどういう状態をいうのか」を知りたければ、結局のところ「自分にとっての幸せとは何か」「自分が幸せになるにはどうすればいいのか」を考える作業が絶対に必要になると思う。

その結果、格闘ゲームやスポーツのような勝負の世界には生きない、という結論があっても当然構わない。表面的な「勝ち」だけが価値ではないのだ。

勝負の世界は厳しい。勝つために全力を尽くして戦っても、負けてしまうことはある。自分でどう理由をつけて消化しようとも、他人の目には、負けは「負け」としか映らない。それでも、本人が現時点で力を出したことが納得できていて、何かをつかんでいるのであれば、きっと将来の「勝ち」につながる。負けても、勝負を投げたことにはならないからだ。

勝ち続けるとは、成長を続けることだ

では、少し広い意味、長い意味で勝ち続けることの本質を考えていこう。

成長につながっているという満足感があれば、勝ち続けている状態に近づいていることになる。ならば、どういう局面でそう感じるのだろうか。

僕にとっては、それこそが成長を続けていることになる。先ほどの図①における、右肩上がりの大きな矢印を自分がキープしていることが実感できれば、僕は満足を得られると思えるのだ。

その過程において、僕はひとりで努力する世界よりも、直接相手と向き合い、その場ですぐに結果が出る勝負事が好きだ、ということになるわけだ。

ただ相手を倒して気持ちよくなろうとか、強さを誇ろうという気持ちがあるわけでは

図②　成長のループ

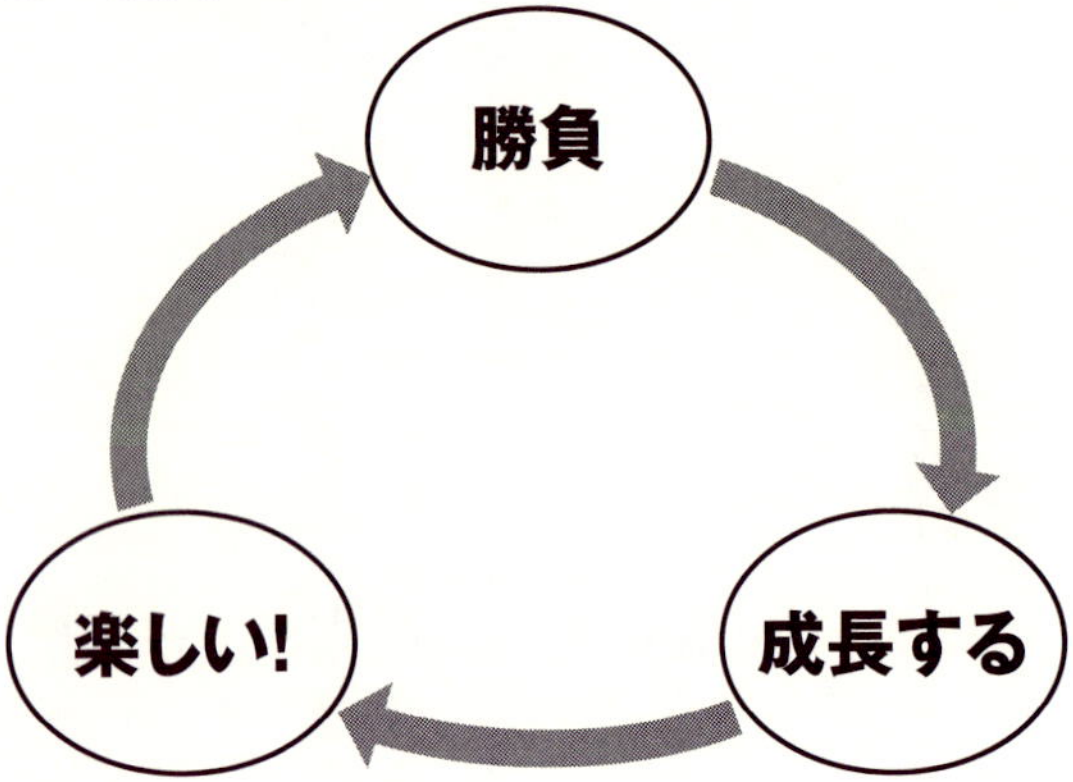

ない。ここ最近は、むしろ勝負をしながらも、僕の中には誰かと競争をしているという気持ちはない。目先の勝ちにこだわりすぎなくなった。

かつては、身体を壊してしまうほど勝ち負けの結果に固執していた。もちろん勝負である以上今でも勝ちにこだわって戦っているけれど、ある時点の結果によって気持ちが左右されることはなくなった。本当に大切なのは自分の成長であり、それこそが「勝ち続ける」ことの姿だとわかったからだ。

すると結果として、自分のレベルは上がっていく。先ほどの図①における矢印の向きをもう一度見てほしい。

これは、サイクルとか、ループのようなものである（図②）。ある勝負をする。もちろん勝ちを目指すけれど、その時点でやるべきことをできていれば、結果は問わない。

すると、勝っても負けても必ず得るものがある。成長できる。成長できることは、人生の楽しみであり、幸せそのものである。そしてより努力ができて、結果として勝負にも強くなってしまう。勝負する、成長する、楽しくなる、より勝ちやすくなる、というループがあるのだ。

勝負の世界にいながら途中で諦めてしまう人は、このシンプルな仕組みをまだ体感できていないだけなのではないかと思う。僕自身もそうだった。本当は勝負の結果ではなく、成長を実感していることが大切だったのだ。

ゲームほどはっきり結果が出ない世の中で「勝つ」をどう定義するか？

話を一回りさせると、ゲームのように表面的な勝負の結果がはっきり出ない世界においても、本当は勝負が存在しているのではないかと思う。

例えば、僕が飛び込んだ介護の世界のようなサービスにも、きっと勝ち負けがある。あるいは絵を描いたり、音楽を演奏したり、飲食業を営んだり、畑を耕したりすることにどんな勝負があるのか、どうすればその世界で「勝ち続けられるか」も、実は考えることができる。

最終的な到達点は、自分が自分に対して行う評価が、自分自身のモチベーションになることだ。その世界にいる自分にとって、何を「勝ち」と定義するかなのだ。

まず前提として、その分野、その仕事を好きで居続けることが大切だ。

そして、その世界において「こうしたい」とか、「こうしたほうがもっと良くなる」という気持ちをキープできているかどうかだ。当然そのためには、日々の成長が不可欠である。

一方で、例えば自分の描く絵が最近のトレンドからは外れていたとする。評価や売れ行きにも影響するかもしれない。僕たちのような「勝負師」とは違い、画家の「勝負」の結果は白黒がはっきりしないだけに、より難しいのではないかと思う。

それでも自分が成長を実感できていれば、絶対に負けではない。そのまま突き通していくほうが、よりレベルが高い作品を描けるようになるだろうし、結果としてより高い評価を得ることもできるだろう。もしかしたら本人が死んだ後かもしれない。でもそれは、運の良し悪しにすぎない。その時は、現実の生活とどう折り合いを付けるのかは永遠のテーマだが、自分が成長できているかどうかを最終的に評価できる人物は、自分しかいないのだ。

時代や環境、そしてそれらの変化は、自分ひとりではどうすることもできない。当然、時代や環境によって、価値観は揺れ動いていく。もしもそこに自分を合わせ込むことが成長と感じるのなら、ただそうすればいい。

頑張ることにためらいを持たない

僕は格闘ゲームの世界で生きている人間だが、この本を格闘ゲーマー向けに書かない理由がある。

僕は格闘ゲームを頑張ることを伝えたいのではなく、どんなジャンル、どんな世界であれ、何かに打ち込むことそのものの価値を伝えたいと思っているからだ。

勝ち続けるとは、「頑張ることにためらいを持たない」ことでもある。打ち込むことに、ぜひためらいを持たないでほしい。どれだけ悩んでも、不器用でもいいから、自分の好きな、進みたい道を進んでほしい。それをためらってほしくないのだ。

前回の本で、クウェートで出会った大学生の話を述べた。たまたま訪れたクウェートで知り合った日本人の留学生が語っていたことが、僕の中に強い印象として残っている。

彼は日本にいた頃、大学に通いながらアルバイトをしていた。その仕事が好きで、自分に合っていると感じ、退学してそこに就職した。すると今度は、普通に大学に通っている同級生たちを見て、急に不安を感じ始めた。自分はこのままでいいのか、自分は何のために大学に通っていたのか、という思いに悩まされ始めた。

「どうして自分は、いつもこうなのか」。彼を苦しめていたのは、そういう気持ちだったように思う。何かを始めたけれど貫き通せなかったこと、そして今の自分に対する自己嫌悪。その繰り返しの中を生きているように見えた。

彼が見せた、ちょっとした出来事が忘れられない。

たばこに口をつけようとして、ふと「梅原さんは、たばこを吸いますか？」と聞いてきた。

ゲーマーの喫煙率は高いのかもしれないが、僕自身はたばこを吸わないし、口をつけたこともない。

そう答えると彼は、自分が喫煙するようになった理由は、実は周りに合わせただけだったのだと告白した。

別に吸いたくて吸い始めたのではなく、人の目を気にしていたのである。そういう自分が嫌で嫌で仕方なく、あえて日本人があまり来ないクウェートを留学先に選んで今に至るという。

僕にはその気持ち、その悩みがすごくわかるのだ。

自分の好きなことを途中で不安になってやめてしまった事実と、それに対する強力な自己嫌悪。そのプロセスには、たいがい自分以外の、世間的な、社会的な見方が加わっている。

好きなのに、人の目、世間の評価が気になって、続けることができない。向いているとも思えないし、同じ思いを持っている人を知らないから孤独感も抱えてしまう。だから、好きなことを諦める。

でも好きだという気持ちは、決してなくならないのだ。

本来、頑張ることは楽しいはずだ

僕の場合、幸いにも生きているうちに自分が好きな世界でたまたまうまくいったから、自分の経験だけであまり無責任なことをいうことはできない。

それでも、彼のような人たちに知ってほしいのは、本来なら頑張ることは楽しいはずだ、ということである。

これは、決して難しい話ではない。むしろ難しく考えすぎているからこそ、わけのわからない迷路に入り込んでしまったような、辛い感覚に陥ってしまうのではないだろうか。

とにかく、もっとシンプルに考えてみてほしい。

少し勇気を出して打ち込んでみる。そこに楽しさを見出《みいだ》せれば、理論的には無限に成長できる。だから本当は、ちょっと勇気を出すことだけが大切なのだ。

僕が何度か目にした、具体的な例がある。

あるゲームセンターに行く途中に、ガラス張りになっているダンス教室がある。そこに、ちょっとすごい人がいるのだ。

彼の見た目は「いい歳をした普通のおっさん」だ。

ただ明らかに普通ではないのは、彼はひとり大きな鏡の前で、何やらオリジナルのダンスのようなものを、延々と繰り返し踊っているのである。

何ダンスというよりは、「不思議な踊り」としか言いようがない雰囲気で、思わず目が釘付《くぎづ》けになってしまう。ガラス越しに見る限りでも、周囲で練習している人たちからは、少し、いや、かなり浮いているようだった。

それでも「おっさん」は、ひたすら、一生懸命に、そしてノリノリで踊り続けている。はたから見ている限り、彼が周囲を気にしている様子は、まったくと言っていいほど感じられなかった。

僕は、この「おっさん」の姿が、頑張っていること、「勝ち続けている」ことの、ひとつの具体的な例だと思う。本人が心からやりたいと思い、好きだからひたすら踊り続けている。それに対する世間の評価がどうであろうと、全然構わない。

なぜなら、自分が幸せだからだ。

頑張ることを、そんなに難しく考えたり、怖がったりする必要はない。大切なのは、最初に一度だけ勇気を出すことなのだ。

頑張ることを「ダサい」と決めつけるのは、抜け駆けを許さない心理だ

この「おっさん」が、自分のしているダンスが世間的に見て変なのかもしれないという評価を受け入れないのだとしたら、それも立派な能力だ。

何かを頑張ろうとする時、得てして周囲の視線が気になる。その理由は、抜け駆けが許されないという心理、そして仲間はずれにされるかもしれないという不安から発している。

これは、子ども時代ほど顕著だと思う。

子どもの世界は、せいぜい近所のコミュニティか、学校のクラスに限られる。その中

では、みんなが平均的に面白いと思う遊びだけが歓迎され、そうでないものは許されない雰囲気が濃厚に存在する。

みんなで楽しく遊んでいるのに、ある子が、例えば英語の楽しさに気づいてしまい、英語の勉強を始めたために遊ぶ頻度を落としたとしよう。学校でも、クラスメートの誰も見たことがないような英語の参考書ばかり、懸命に見ている。

すると、得てして陰口を叩かれ、仲間はずれにされてしまう。

その理由は、単純に言って「妬《ねた》み」である。

みんなで同じような居心地のいい世界を生きているのに、そう「取り決めている」のに、あいつだけ一生懸命になりやがって。勝手に頑張ってそこから抜け出そうとするなんて抜け駆けだし、裏切りだ。

その気持ちの現れ、あるいは制裁として、「なにあいつ、カッコつけて頑張っちゃって。ダサい！」という評価を下す。多くの人が、そこで諦めてしまう。クウェートで出会った大学生も、そのひとりだったのかもしれない。

僕は、どうかその段階を乗り越えてほしいと思う。

誰に何と言われようと、自分の幸福を定義できるのは自分しかいない。そして自分が頑張ろうと思ったことをしなかった事実が招くのは、単純な、わかりやすい不幸だ。

僕は、特に社会的に評価されていなかった格闘ゲームの世界で生きてきて、自分なりに頑張ってきたことで今がある。それはとてもシンプルな仕組みだ。自分が楽しく、充実感があることをひたすら続けること。それが「勝ち続ける」ことそのものであることを、自分の力で知ったからだ。

本当に大切なのは、次の勝負で勝つか負けるか、人から評価されるかどうかではない。ましてや将来のことなんか、誰にもわからないのだ。

いびつな、未完成な自分を抱えたまま走ればいい

最初に走り始められない理由としてよくあげられるのは、恥をかきたくない、ダメな部分を知られたくないという思いが強すぎ、欠点ばかりが気になってしまうことだ。真面目な人ほど、そうなのではないだろうか。

僕自身の例でいえば、歳を重ねるほど、そうした意識が薄くなっていき、どうでもよ

くなってしまった感がある。

僕の欠点克服法には2種類ある。詳しくは後で述べることにするが、簡単にいえば、自分が耐えられない、嫌で嫌で仕方がない欠点は、徹底して修正すること。そして、それに当てはまらない小さな欠点は、どうでもいいと思うことだ。

要するに、今もって僕自身は欠点ばかりだ。でも、決してそれらのせいで身動きが取れなくなることはない。

修正のために動くか、気にせず好きなことをするかしかないから、どちらにしても動くことに変わりはないのだ。

あれがダメだから、これが気になるから、とりあえず何もしないというのは、一見クレバーなようでいて、実は自分の可能性を大きく削いでいる事実に早く気づいてほしいと思う。

完全な人間などいないし、誰もがいびつで、未完成なのだ。だから、そういう自分を抱えたまま走ってしまって構わない。

勝ち続けることは、同じメニューを食べ続けないこと

だんだん、僕が使っている意味での「勝ち」と「負け」、そして「勝ち続ける」という言葉の意味を理解していただけたのではないかと思う。

ある勝負に勝っても、必ずしも勝ち続けることを意味するわけではない。負けたことによってむしろ成長することもある。

この基準でもうひとつピンと来ない人のために、別の考え方を提示したい。

勝ち続けること、成長することとは、結局「できないことができるようになること」であり、「知らないことを知ること」ともいえる。そして表面的な勝利の確率は、できないことができること、知らなかった知識が増えたことによって、結果的にはより高くなる。

何でも構わないから勝てばいい、という人がいる。僕が「勝ち続けることが大切だ」と言うと、そういう意味だと誤解する人も少なくない。またそうした人が、現時点では実際に強さを発揮し、結果を出している場合もある。

しかし、なりふり構わずただ結果としての「勝ち」だけを追いかける人は、長期的に

は伸び悩む。成長を持続できないからだ。

勝つことはいい。しかし、ある時点で勝利という現象を手に入れたことで、できないことをできるように改善する力、知らない知識を仕入れ、自分のものにする作業が鈍ってしまったら、結局どうにもならないのだ。成果が出たことで甘えが生まれ、たるんでしまうのである。

僕はこれらのことを勝負の世界で学んだが、決してゲームに特有のトピックスではないと思う。むしろ、同じような考え方を当てはめられる世界がほとんどなのではないだろうか。

例えば、初めて入った中華料理店でチンジャオロースを食べたら、なかなかおいしかったとしよう。この時点では、そこのチンジャオロースがおいしいという事実は知らなかった知識であって、成長したといえる。

おいしいチンジャオロースを食べることは、「食事の世界」では勝利だ。しかし多くの場合、人はその事実に甘え始める。それからは他の新しい店に入ろうとせず、そのお店に行ってはチンジャオロースばかり食べてしまうことになる。どうかすると週1くらいでローテーション化してしまう。

本当は、その店では酢豚のほうがおいしいかもしれない。実はチャーハンが絶品なのかもしれない。あるいは50メートル先にもっとおいしいチンジャオロースを出す店ができたかもしれないのに、それを知ろうとしないまま甘え、それ以上の成長を得られなくなるのだ。

たかが食事の話ではある。しかし、こうした行動は癖になる。

RPG（ロールプレイングゲーム）なら、プレーヤーのレベルが上がるごとに装備品も豪華に、強力になっていく。これはRPGの世界が、ある意味で単純化されていて、一度成長したら後戻りすることがないからだ。

でも現実の世界は違う。どんなに最初のうちは勝ち続け、豪華な鎧《よろい》を着て、戦闘力の高い剣を揃《そろ》えようと、本人の努力の量が減れば、容赦なく、正直に身体はブヨブヨになってしまう。

だから、成長し続けなければならないのだ。特に大きな勝利を収めた時ほど、意識的に自分にムチを打ってでも自分を追い込むようにしなければならない。

頑張ることの価値など、誰も教えてくれない

親切な人がいれば、そのお店ではチンジャオロース以外においしいメニューがあるとか、別の店のほうがおいしい料理を出すと教えてくれるかもしれない。

でも、大人になった以上、誰も「どう頑張ればいいのか」「どうすれば成長できるのか」を教えてくれたりはしない。

学校では、教科書が配られ、目標が与えられる。その結果をテストで検証され、高い点を取ればほめられる。

新しい知識を得ることが大切なのは言うまでもないが、これはある意味、遊園地のアトラクションのようなものだ。何をどんな形で学ぶかをすべてお膳立てしてくれて、先生という名の「ガイドさん」までつけてくれる。しかも、毎学期、毎学年新しい「出し物」を提供してくれるのだ。

しかし、一度学校を出たら、そんな親切な人にはめったに出会えない。

何を学べばいいのか、どこまで成長すればいいのかを教えてくれる人などいないし、どの段階まで達すれば次に行けばいいのかも、自分で考えるよりほかない。

間違ったやり方をしていても、指摘してくれはしない。お前の人生だ、勝手にしろよ、ということなのだ。

でも、どうかそれを辛いとか、寂しいと思わないでほしい。

何をどう頑張るかを考えるのは、本当は楽しい。楽しくないのなら、楽しいことを見つければいい。方法も自由だ。間違おうと回り道しようと、一切構わないのだ。

チンジャオロースばかり食べるよりも、他のメニューも試してみたほうが、より新しい刺激、より楽しい世界が見つかるかもしれない。見つからなかったとしても、それはあくまで結果である。「酢豚を食べてみたら激マズだった!」だって、笑い話のネタくらいにはなる。

やがて、そういう態度、考え方そのものが自分を成長させていると感じられる時期が来る。

打開する方法も力も、自分自身の中にある

僕は紆余《うよ》曲折を経て格闘ゲームの世界に戻ってきて、プロのゲーマーになった。そし

て今「世界で最も長く賞金を稼いでいるプロ・ゲーマー」としてギネスブックに載っている。

でも、それは結果にすぎない。

プロ・ゲーマーになってはいるけれど、僕はそれを目標に生きてきたわけではない。もともとプロ・ゲーマーという世界はなかった。

また、今の自分があるのは、プロの麻雀打ちにはなれなかったこと、介護の世界で生きていけなかったことも意味している。

僕は昔から人と会話する時、どうしてその人が今その仕事をしているのか、なぜその職業をやりたいと思ったのかを、つい聞いてしまう。

意地悪しているつもりはまったくない。他人の個人的な思いをいちいち深く考える必要ももちろんないのだが、僕にはどうして若いうちにその仕事に就こうと確信を持って考えることができたのか、素朴な疑問が湧いてしまうのだ。僕自身は、今に至るまで何かの職業に就くという積極的な動機を見出せなかったからだ。

しかし、僕がなるほどと納得できるような答えをしてくれた人は、残念ながら少ない。

もっとも僕を納得させる必要など別にないのだが、そういう人たちの多くが、社会的な肩書きの良さにもかかわらず、やがて行き詰まり、目標を失っているようにも見える。これは決して偶然ではないと思う。

他人のことをとやかく言う必要はないけれど、僕の感じた思いを素直に述べると、外形的なものにこだわって生きている人ほど、やがて行き詰まっている。つまらなそうに生きている。

世間体を気にして就いた職業、収入だけを目的に選んだ仕事は、結局どんなに成功しようと、僕には楽しそうには見えない。

26歳で麻雀をやめた時、世間的に評価されるものが自分に何もない事実を、僕は深く悔やんだ。人生で後悔したのは、今のところこの一度だけである。

でも、今ならわかる。結局世間的な評価など、本当は一切気にしなくてもよかったのだ。もちろん、もう後悔などしていない。

僕は僕のやり方で生きようと決め、思いっ切り不器用ではあったけれど、とにかく自分が満足できる方向に進んできた。その結果、そして多くの支えと幸運に恵まれて、今充実した人生を送らせてもらっている。

最大のポイントは、結局自分で自分の幸福感を定義できたからだと思う。それがあるから、今がある。

だから、読者の皆さんの中に、今の自分が世間的な評価の軸に「ハマっていない」と感じ、苦しんでいる人がいても、どうか自分自身で考えた幸せの価値を見失わないでほしいと思う。

30歳を少し過ぎたくらいの僕が言うのも変かもしれないが、人生はじゅうぶん長い。この歳にして僕は心からそう感じる。ある時点で将来安心、安全だと信じた道を進んだ人がふてくされているのと同じように、今不安の中に生きている人も、決して今後ずっとそうではない。

打開する方法、そして力は、自分自身の中にある。

少なくとも、僕は僕の人生の中でそれを知ることができた。そのくらいに人生は長いのだ。

だから、今の時点で何が自分の成長につながるのか、何が好きなのかがわからず迷っているのであれば、逆にいいチャンスかもしれない。

そこに、世間に対する妥協やおもねりは不要だ。幸せになることが勝ち続けることなのだから、ただどうすれば自分は幸せなのかを、素直に、謙虚に見つめればいい。

第2章

勝ち続ける自分を設定する

どうして不安になってしまうのか？

僕が見た限りでは、勝ち続ける人はその後も「勝ち続け」、負け続ける人は「負け続ける」傾向がある。

つまり、自分の成長を実感できている人は、その後もより成長を続け、幸福感を持ち続けられるのに対して、自分は不幸だと感じている人、自分の成長を感じられない人は、やはりそのままだ。不幸な自分を嘆き続け、同時に何も新しいものを得られないでいる。

不幸だと感じている人の思いはいろいろある。

先が見えない。うまくいく確信がない。ツイていない。世の中が悪い。環境が良くない。

そんな人に、とても簡単に言葉をかけるとするなら、「頑張れ！」ということになるのだろうが、現時点で不幸だと感じている人の根本的な問題は、何をどう頑張ればいいのかが、よくわからないことなのではないだろうか。そんな人に、ただ「頑張れ！」と励ましてみても、きっと辛くなるだけだろう。

現時点で不幸を感じてしまうのは、仕方がない。しかしそこから何とかする方法は自分にしか見出せない。大人になった以上、どうすればいいかは誰も教えてくれないからだ。

僕が見る限り、子どもの頃、いわゆる「いい子」だった人ほど、実は迷いやすい。課題や目標、進むべき道は誰かが与えてくれるものだと信じていて、疑ったことがないからだ。突然自分で考えなければいけないと言われても、経験がないからわからないのだろう。

何を、どうやって頑張るのか、とにかく自分で考え、自分で始めるしかない。

その原動力、きっかけは、最初はコンプレックスからでもいいと思う。

今の僕に目標はない

「今の梅原さんにとって、目標は何ですか?」と聞かれることがよくある。そのたび、ピンと来ない感覚に襲われてしまう。

今の僕には、いわゆる目標はない。

○○の大会で優勝したいとか、誰々を倒したい、何連勝したい、といった、時間的にいえば「点」的な目標を持っていないし、そうしたものに向けて力を出す、ということもしていない。

どうしても目標という言葉を使うのなら、「毎日、来る日も来る日も、自分を成長させるリズムを維持すること」が該当する。それが一番大切なことだからだ。

そういう状態にある自分が、ある大会に出て勝つこともあるだろうし、負けることもあるだろう。もちろん勝ちたいと思って真剣にやっているけれど、結果自体には重きを置かない。ああ勝った、ああ負けた、と思うだけで、本当に大切なのはそこから何を学び、成長できたかどうかだからだ。

その循環がキープできている限り僕は満足し続けられる。だから現時点は、いい循環を保っていると思う。

だが、残念なことに、多くの方はこうした形で幸福感を得ていない。そして自分が幸福かどうかを、目標を達成したかどうかでだけ考えてしまいがちのように思う。

テストで良い点を取り、良い成績を収めること。よりレベルの高い高校、大学に入ること。給料の高い会社、安定した仕事に就くこと。

そうした目標を達成しては喜ぶ。また、達成できなかったといって悔しがったり、自分を敗者だと感じてしまったりする。

僕の目には、こうした目標の達成に成功した人も失敗した人も、それを目標と感じてしまっている時点で、自分で考える力が身についてないと感じてしまう。

世間から与えられたものだけが目標になるわけではない。

今の僕は、自分自身にとっての幸せを、テストや成績表、高校や大学、会社や身分だけが与えてくれるとはまったく思えなくなった。

結果がどうであろうと、そこに至る過程で自分自身にどういう形でいい変化があり、それを持続できているか。僕にとっては、それだけが評価のもとだからだ。

逆にいえば、世間でいう目標などその程度のものでしかない。目標を達成できなかったからといって、心を病むほど自分を責めたり、ひどく落ち込んだりするのはもったいない話だと思う。

俺は不幸だ、世間が悪い、会社が悪い、景気が悪いなどといくら言ってみても、たとえ本当に世間や会社が悪かったとしても、自分自身は結局不幸なままだ。成長できず負け続けることになる。

それよりも、自分が成長していないこと自体を恐れてほしい。

努力するべきところは、もっと別のところにある。

そして、自分にとっての価値を自分で設定できれば、こうした目標から自由になることができる。

強すぎる思いが自分自身を縛っていることもある

僕がこうした視点を得ることができたのは、短い期間ではあったけれど、自分が何のために努力しているのかがわかりにくくなってしまった時期を経ているからだと思う。

それは、介護の仕事をしていた頃だ。

僕は23歳で格闘ゲームを諦め、転向した麻雀も、強くなればなるほどかえって自分の幸福を感じられなくなってしまい、まったく畑違いの介護の世界に入った。そこで、人生の終わりが、少しずつ、確実に近づいているお年寄りたちのお世話をしていた。

誤解してほしくはないのだが、僕は介護の仕事自体を否定しているのではない。そこで得たもの、見たこと、そして考えたことが今の僕を確実に形作っている。

ただ僕は、10歳の頃に格闘ゲームの世界に入り込んでから、ずっと勝負の世界を突き進んできた。26歳にして、勝負歴はすでに16年を超えていたのだ。

その自分をいったんすべてやめ、人と競り合うことの一切ない世界に身を置いてみたい、と心から考えたのだ。

だから、介護の仕事自体は新鮮だったし、ある意味でとても楽しかった。

それまでの自分は、勝負に没頭し、勝負は勝たなければいけないと思っていた。そして自分には、そういう世界がなければダメなんだと思い込んでいた。

でも、介護の世界を経験してみて、その中で生きてみて、決してそうではないことが体感できたのだ。

その時点までの僕にとって、勝負の世界は、それしか進むべき道がない世界であり、運命的に極めなければいけないようなものだと感じていた。

ある意味では、学校で与えられた目標に何の疑いも持っていない人と、変わらなかったのかもしれない。僕はそれまでもずっと自分の頭で進むべき道を選んできたけれど、自分そのものに強制されていたというか、自分そのものが自分を縛っていたのだった。

でも、本当はそんな必要はなかったのだ。

僕は勝負の世界に一切関わらなくても、こうして生きていくことができる。何だ、大丈夫じゃないか。

これは、ひとつの大きな発見だったのだ。

自分でなければできないこと

同時に、初めて経験する介護の世界は、思いもよらない現実を僕に教えてくれた。

仕事自体は好きだった。勝負の世界からは大きく離れ、重い状態のお年寄りを介護することは、思いのほか好きになれた。人のためになる仕事をするために、新しい知識を入れながら身体を動かす毎日は楽しかった。下の世話のような、一般に辛いとされるような仕事も苦にはならなかった。どうすればもっとよい介護ができるのかを勉強しようと考えた。

ただ、介護の世界にもいろいろと大変な問題があることも知った。

お年寄りの介助をする際、特に体力を使うのは、寝たきりの方を起こす作業である。端的にいうと、腰に大きな負担がかかる。

僕はその職場で働く人の中では際立って若く、周りは一回り以上年上の方が多かったのだが、みんなが口を揃えて語っていたのは、だんだん衰えていく自分自身の体力への不安と、腰をはじめとする故障への心配だった。

その割に、介護の現場では、長く働けば働くほど待遇が良くなるわけではない。人手が常に足りず、もっと注目されなければならない大切な仕事のはずなのに、そこで努力している人が報われにくいのだ。一般的な会社であれば、能力が認められたり、実績を上げたりした人は、給料の面で報われるはずだ。そこに体力面での衰えを重ねると、どうしても自分の先行きが不安になってしまうのだった。

僕はかつて、ゲームをしている自分が認められるような、それで生活ができるような日が来るなんて想像もできなかった頃から、自分が努力をすることだけはやめなかった。

大切なテーマだから後で詳しく述べたいのだが、僕はいわゆるスロースターターであり、不器用で要領が悪い。したがって新しいことを受け入れるのには時間がかかるし、大概、周りよりも出遅れる。それは介護の世界でも変わらなかった。

仕事自体にはやりがいを感じながらも、介護は、自分が今まで考えてきたこと、培ってきた能力を活かしにくいのかもしれない、という思いを抱き始めていた。

ゆっくりと、人生の最期に向かっているお年寄りたちに、こう言われている気がした。

「この仕事は、君でなければできないことなの？」

不自由な環境を経て自分の能力を知る

僕が介護の世界を経験したのは、今の僕の状態から表面的に見れば、ただの回り道にすぎないかもしれない。

しかし、一度ゲームを諦めて麻雀に取り組み、そこから抜け出して介護の仕事をしてみたことによって、確実に今の僕が存在しているのも事実だ。

介護は好きだったが、自分の能力を活かしにくい場所だった。

最初のうちは、それでも仕方がないと思っていた。僕はそれまでずっと普通の人とは違う生き方をしてきたのだから、多少の不自由さがあって当たり前だし、自分のオリジナルの努力をする以前に、しなければいけないことをひたすら覚えなければならない。しかもそれらは、僕の今までの人生に一切なかった要素なのだ。

介護の仕事を始めてしばらくたった、2008年のある日、僕は久しぶりにゲームをすることになった。ちょうど、僕がもっとも得意としている格闘ゲーム『ストリートファイターⅣ』の新作が発表されたころで、友人にゲームセンターに誘われたのだった。

ゲームセンターに入ること自体、3年ぶりのことだった。もちろん新作がどう変化しているかについても、何も予備知識はない。気乗りはしなかったけれど、誘いを断固として拒むのも格好悪い。もう僕はゲーマーではなく、介護職員なのだから。

やる気がなかった分、プレッシャーも皆無だった。何の努力もしていないし、練習も経ていなければ知識もない。ブランクも長い。

だから、パフォーマンスや結果に何も期待せず、ごく軽い気持ちでやってみた。

ところが、その場にいた、おそらく彼らなりに一生懸命努力しているであろうゲーマーたちに、まったく負ける要素がなかった。負ける気がしない、というより、語弊があるかもしれないが、同じ人間同士がプレーしているとは思えないほど圧倒的な能力差があった。

僕は、この時に自分にとってのゲームを再発見した。

得意なもの、特別な能力を発揮できるものが存在するということは、なんてありがたいことなのか！

ゲームと初めて出合ってから17年以上たって、僕は初めてゲームをすることの価値を見出した。

この感覚は、少し伝わりにくいかもしれない。もちろん23歳までの僕だって、真剣にゲームに取り組んできた。

ただその頃までの僕にとって、ゲームは徹底的に真剣にやり抜くか、まったくやらないかという、白黒はっきりした価値観しかなかった。

だから、その世界で生きていくことをやめた時点で、自分が培ってきたゲームの知識やスキルを何に使えばいいのかわからなくなった。麻雀で得たものも勝負で得たものも、きっといつか、何かに活きると信じてはいたけれど、具体的にどう活かせばよいのかがわからなくなってしまっていた。

でも、本当はそうではなかった。ただ、僕が強欲すぎただけだったのだ。

僕はもともと勝負事が好きだったし、楽しくて得意だったのだ。ならば、それが仕事であろうと趣味であろうと、そこで成長していくことに幸福を見出せるのではないだろうか。

僕は自分が不自由な環境に置かれてみて、初めて気持ちが軽くなった。

リアルな人生でどう才能を生かすのか？

この本では、できるだけ具体的に述べることを心がけたいと思う。

ゲームセンターでの出来事によって、僕の頭はいい意味でショックを受け、気持ちが軽くなった。

しかし、僕の職業は相変わらず介護施設の職員だ。もちろん、そこでの収入で生計を立てていた。

格闘ゲームにおける自分の能力を再発見し、ゲームや勝負に対する気持ちが軽くなったことは、僕にとって革命的な出来事ではあった。しかし、そのことによっていきなり僕の暮らしが変わったわけではない。当たり前だ。

表面的、社会的に見れば、27歳の介護職員がゲームセンターに通い始めた、ということでしかなかった。もちろん介護職員としてもらった給料の一部をゲーム代に充てるという形で。

もしその後、僕に実際に起きたような出来事がなく、ある意味運が向かなければ、僕は今でもそのままだったかもしれない。転職はしたかもしれないが、それでも「時々ゲームセンターに現れる、めちゃくちゃ強い人」という状態のままだっただろう。

この種の想像はずるいと感じる人がいるかもしれないが、僕は仮に今がそうした状況だったとしても、それでも嬉々として、一生懸命ゲームセンターに通っては、相手を探して格闘ゲームをしていただろう。

そして、好きなゲームを続けるために仕事をし続けたと思う。

麻雀を学びながら雀荘で働いていた時代は、僕の今までの人生の中でもっとも金銭的に苦労した時代だった。それでも麻雀の基礎を学び、強くなっていく過程は、それ自体がとても楽しかった。

僕はあまりお金に対する執着がない。雀荘の時給は決して高くはなかったけれど、今の僕でも、もしその頃の収入しか得られなければ、それで楽しく暮らしていく自信はある。

だから、今後もしも自分がプロ・ゲーマーではなくなり、それでも格闘ゲーム以外に楽しいことが見出せなければ、ゲームを続け、ゲームで成長するための資金と、ゲームに割ける時間のバランスの見合いで仕事を選び、たとえ端から見れば苦しそうな生活であろうと、喜んでそうしているはずだ。

貧乏そのものは、悪いことでもないし、負けでもないのだ。

だが実際の僕に起きたことは、とても思いがけない、そして嬉しい顛末《てんまつ》だった。

次第に僕が戻ってきたことが知られ始め、国内の大会に参加したり、ゲーム雑誌やテレビの取材を受けたりするようになった。

すると、「長い間行方不明だったウメハラが、どうやら復帰したらしい」という声が、日本からの噂《うわさ》を聞きつけたアメリカから上がったのだった。

2004年の夏、カリフォルニアで行われた大会の準決勝で起こした逆転プレーがアメリカのファンたちに受け入れられ、僕の名前は広く知られるようになった。そして、当時のプレー動画が世界中で数千万回も再生された。

「あのウメハラが帰ってきた」。そんな声が関係者の耳に入り、僕は2009年の4月、サンフランシスコで行われるカプコンの大会に招待された。そこは日米韓のチャンピオンが戦う場所だったはずなのだが、なぜかまったく関係ないはずの僕が、特別に4人目の参加者として加えられることになったのだ。

こんなに熱い迎えられ方をされて、自分の能力が求められて、率直に嬉しかった。

そして、なんと3カ国のチャンピオンを退けて僕が優勝してしまったのだ。

その後もいくつかの大会で活躍することができ、話は思わぬ方向に展開した。アメリカのゲーム周辺機器メーカー、マッドキャッツが、復活してなおパフォーマンスを失っていなかった僕に関心を示してくれて、プロ・ゲーマーとして契約のオファーをもらうことになったのだ。

成功したのは、たまたまの結果でしかない

こうして僕はプロ・ゲーマーになったが、はっきりいってそれは、数々の偶然の結果でしかない。タイミング、めぐり合わせ、その時の勝負における運などの重なり具合に左右されているだけだ。

この本の最初でも述べたが、もとをただせば、僕が小さいころからゲーム一直線の人生を送れたのは、たまたま僕がこの世代の梅原家の人間として、父の子として生まれたからだ。もし僕が父の代として生まれ、祖父が父だったら、間違いなく今の僕はない。

僕はずいぶん回り道をしながらも、その時その時の自分が納得のいく形で努力はしてきた。

でも、だからといって努力していれば必ず世間的に報われるなどということはない。絶対にこの立ち位置になれるなどという保証はどこにもない。そこは、どうか理解してほしいと思う。

思えば僕も、1998年、17歳の時にアメリカの『ストリートファイター』の大会で世界一の称号を得たけれど、そこに行くまでの道筋も、その後も、ある意味では散々だったわけだ。

正直にいうと、なぜ自分の頭で、自分の言葉で考えている僕のプレーに注目が集まらず、地方大会に優勝したり、甲子園で勝ったり負けたりする高校球児はインタビューされているのか、納得がいかなかった。俺のほうがよほどいろいろ考えているじゃないか、と思うこともしばしばだった。

ただ、仮に同じように取り組んでいたとしても、彼らが注目され、僕にはそれがない。どうして僕は格闘ゲームなどという世界を好きになってしまったのか、なぜもっと一般ウケする、野球やサッカーじゃなかったのか。そんな悔しさも、中学生や高校生の頃は持っていた。

当時の僕はまだ若すぎて、自分が世界一になれたことが偶然の結果だということなど、理解できなかったのだ。世界一の称号を得た後も、それは変わらなかった。

実をいうと、19歳、あるいは20歳の頃だったと思うが、一度ボクシングジムを見学に行ったことがある。

1対1の勝負がもともと好きだし、運動も苦手ではない。だったら、ゲームの中でなく実際のリングに上がって、格闘技をやってみるほうがいいのではないか、と考えていたのだ。

ところが実際は、トレーナーの数に対して、練習している選手の数があまりに多すぎるように見えた。

詳しい人に聞いてみると、僕の感覚は当たっていた。ボクシングジムというところは、ほんの一握りしかいないチャンピオンを狙えるようなエリートの卵だけを大切に指導する場所であって、残りはあくまで「お客さん」で、練習をさせているだけ。指導が行き届かないことも多いと教えてくれた。

結局僕はボクシングジムには行かなかったけれど、今ならわかる。

好きで一生懸命努力していても、必ずしも他人から注目されるわけでも、評価されるわけでもない。

逆に、注目されているから、評価されているからといって、必ずしもそれがすごいことは限らない。

テレビのニュースや情報番組で、自分の専門外のテーマにわかったようなコメントをしている識者と呼ばれる人を見るたび、そう思ってしまう。きっと彼らくらいの知的レベルの人はもっといるし、そのニュースやトピックスに対して、より適切なコメントができる人だっていてもおかしくない。それなのに、今そのコメンテーターが話す機会を与えられているのは、たまたま、偶然の産物なのだ。

本当に大切なのは、成功したかどうかではない。そこから偶然の要素を取り外した後で残った部分を、成長を感じ続けられるかどうかなのだ。

みんなと同じ事をしなかった理由

思い返せば、僕は小さな頃から、みんながしているからとか、流行《はや》っているからという理由で、何かを選ぶことはなかった。

同時に、みんなと同じ事を、みんなと合わせるためにし続けるのも、嫌だった。

どうしてクラスの3分の1くらいが「X　JAPAN」のファンで、やはり3分の1くらいが「B'z」を聴いているのか。僕にはひどく嘘《うそ》っぽく映った。テレビドラマも、ラジオ番組も、好きなタレントも、みんなで合わせに行っているような空気を濃厚に感じてしまうのだ。

本当に好きならもちろんいいけれど、何人かは話を合わせるためだけに、興味もないのにチェックしているだけなのではないか。

勝負を軸に人間関係が形成されるゲームセンターの世界には、本物のつながりがあった。

まず、自分が正直に、真剣に取り組んでいれば、必ずそれを理解してくれる人がいるということ。その姿に関心を示して、寄ってくる人がいる。

だからといって、ただ学校のように、ただなんとなく一緒にいたいからくっつく、ということではない。自分の世界を互いに主張した結果の結びつきなのだ。

だから、互いが何を好きだと言っても、相手の何を批判しても構わない。住んでいるところも、年齢も、職業もバラバラだから、最初から話を合わせるつもりもないし、話が合うはずがない。

ただお互いが正直に好き勝手なことを言って、それに対してやはり正直に、好き勝手に言い返すことに、みんな何のためらいも持っていない。

絶対に自分を殺したりはしない。俺はこうなんだ、という立場が、はっきりしているのだ。

誰もが自分の純粋な意見を持っていて、気兼ねなく主張し、意見を戦わせられる。そして、プレーには人間性が反映される。戦ってみれば寡黙な人の考え方も分かるし、表向きばかり取り繕っている人の本音も、プレーを通じるとバレてしまう。その中で、「ウメの考えは面白い」と言ってくれる人がいる。そんな環境がひどく大人っぽく見えたと同時に、とても楽しかった。そういうことをできるのが、本当の人間関係なのだということを、僕は小さな頃に学んでいたのだ。そして今もなお、つながっている友人を得ることもできた。

当時、小学生が家庭用のゲーム機ばかりで遊んでいるのは少し異様だったし、ましてゲームセンターに通いつめて、ひたすら腕を磨いているというのは、かなり変わり者の部類だったことはいうまでもない。

僕も、正直寂しい思いがまったくなかったわけではない。

それでもなお、自分の好きなことをやろうと思えば、それが不幸にしてみんなが平均的に好きなものではない時点で、孤独を必然的に招くことになる。僕はそんな仕組みを、小学生の頃から知っていた。

孤独については、最後の章でまとめて述べることにしたい。

進むべき道は、必ず自分で設定する

自分は何が好きなのか、自分の能力はどんな分野で花開くのか。そして自分はどの世界で成長することをよしとするのか。

それを設定できるのは、自分だけである。

だからどんな理由があろうと、進むべき道は、必ず自分で設定する必要がある。

自分で設定していない場合、あるいは自分で設定したようでいて、他人に合わせ込んだり、人がついてくることを期待したりしているような状況では、本当にやりたいことはできない。

自分で何をするかを考えた上で、違う道に進むのは問題ない。ただみんなが一斉に違うジャンルに移動したから、自分も周りを見て慌てて動く、というのは、どうにもおかしなことになってしまうのではないだろうか。

みんなが通うから習い事に行く。みんなが入ったから小4から野球チームに入る。かと思いきや、中1になったらみんなサッカーチームに行くと言い出したから、慌てて自分も野球を投げ出してサッカーを始める。

こうした行動は、表面的にはリスクを回避しているようにも見える。みんな一緒だし、話題も共通だから、仲間はずれにされることは少ないかもしれない。

しかしその人は、長期的に大きな「負け」を背負うことになる。

何が正しいのか。何をしたいのか。どうすれば成長できるのか。

こうした思考は、自分の幸福を設定する大きな原動力なのに、そのことについて自分の信念がないまま、どんどん年齢を重ね、身体だけ成長してしまうことになる。結局流されて、世の中の変化に合わせているだけ。野球そのもの、サッカーそのものへの関心は薄く、実は芯が何もない。

彼らはおそらく、一生野球やサッカーを続けるわけではないだろう。プロ選手になれるのはほんの一握りだ。しかし、小さい頃はスポーツから何かを学べると親や学校は考えているし、もしかすると本人もそうかもしれない。

ところが、芯がない以上、そこでの経験が将来ほかのジャンルでも活かせるかというと、少し無理があるように思う。

なぜ野球にチャレンジしているのか、なぜサッカーがうまくなりたいのか。それがない以上、いずれ成長もなく、思考もなくなる。勝つ目的がないのに勝負をしても、もちろん勝ち負けという結果は出るけれど、充実感には結びつかない。

回り道が必ず役に立つ

反対に、どんな分野、どんな種目であろうと、その時の自分が心から取り組みたいと願い、思考を重ねて成長しようとしてきたのであれば、勝ち負けという意味では恵まれなくても、運が向かなくて結果を残せなくても、必ずその後に結びつく何かを得ているといえる。

あとあとチャレンジする分野には何も直接的な関係がなかったとしても、かつて悩んだこと、体感したこと、自分なりに得た結論は、不思議に有意義な形で結びついていくのだ。

こんなプロセスは、表面的には、遠回り以外の何物でもない。もっと早いうちから、今取り組んでいる分野に気づいてチャレンジを始めるほうが、短期的な効率の面で有利であることは否定できない。

僕はこの点、非常に遠い回り道をしている。

もっとも最初から格闘ゲームが好きで、その世界に没頭していたのだから、そのまま進めばよかったと思われるかもしれない。しかし実際は、一度格闘ゲームを捨てて麻雀打ちの世界を目指し、麻雀の世界で成功が見え始めた頃になって、というより見え始めたことで勝負そのものの世界に生きることが嫌になり、介護というまったく異なる世界に入った。

そこで不器用な、不自由な自分を見出したからこそ、もう一度ゲームの世界に帰ってきた後の僕は、それまでとは違う人間になっていた。

「梅原さん、前と違って表情が穏やかになったし、丸くなりましたね」

実際、何人の人からそう指摘されただろうか。

そして、もともと仕事にもならなかったはずの格闘ゲームの世界に戻ってきて、今ではなぜか仕事になっている。

今僕が心から思うのは、結局いろいろあったにせよ、険しい表情でゲームをしていた頃の自分、麻雀を真剣に打っていた自分、不自由な現実と向き合いながらお年寄りの身体を抱え、下の世話をしていた自分が、今の自分を作り、支え、そして救ってくれている、ということだ。

回り道のさなかにあった頃、もちろん今が将来の何につながっているかなんて、想像もつかなかった。

好きな道を驀進《ばくしん》しているのか、回り道なのか、行き止まりに向かっているのかすらわからない。その頃していたことの意義がわかるのは、3年、4年という月日が経過した後のことだ。

僕は、自分の経験を踏まえた上でなお、仕事にならない、それだけでは生活のできない分野を諦めずに続けるべきだということはできない。かつての僕はわがままだったし、子どもっぽかった。その時からの思いをどうにか貫いてプロ・ゲーマーにはなったけれど、それはたまたまであり、僕の成功は多分に偶然の要素がある。結局何にもなれなかった可能性もあるし、今後そうなる可能性もある。だから、何が何でも貫き通せ、と言い放つのは、あまりに無責任な言い草だと思う。

ただ、今の自分がしていることが心から好きだと思うなら、今の頑張り、今の経験が必ず何かの形で生きる。今の世界ではなかったとしても、きっと生きる日が来る。知識として、思考力として、意志の強さとして、物の見方として、一生付き合える仲間や親友として——形はいろいろあるだろうが、必ず何かは残る。

何につながるかはわからないけれど、好きなことに向き合っていれば、何かにつながる可能性は高い。今の僕だって、もしかしたら、本当は未来の何かにつなぐために格闘ゲームを通過しているだけかもしれないのだ。

この歳になって思うことは、僕は10代、そして20代のほとんどを、ずっと勝負事をやりたい、勝負事が好きだし得意だ、これしかないと思って生きてきたけれど、もしかしたらそうではない自分が存在することだってありうるのかもしれない、ということだ。

確かに、格闘ゲームの才能はあると思う。また成長を続ける力も持っている。でも、僕にとっての最高の幸せが、ドンピシャリで勝負事なのかといわれると、もしかしたら違うのかもしれない、という気持ちがないわけではないのだ。そもそも、人生のすべてが10代、20代で本当に決まってしまうのだろうか。疑問に思えてならない。

もっと別の、とても意外なものが、僕の人生をより豊かにできる世界があるのかもしれない。でもそれが何なのかは、今のところ誰にも、もちろん僕にもわからない。

しかし、仮にそうなったとしても、今プロ・ゲーマーになるまでの自分がしてきたことは、何らかの形で役に立つことは確信できる。

勝つことにこだわりすぎることで勝てなくなる

勝負をする以上、大前提として、勝つことを目指していることは、以前も今も変わらない。勝利そのものには、それなりにこだわりはある。

勝つことを求めるのは大切だが、むしろ経験上、僕は勝ちを求めすぎると良くないと思う。勝ちにこだわりすぎるあまり、結果としてかえって勝てなくなってしまう。

反対に、現時点での努力が勝ちという結果に結びつかなかったからといって、必ずしも意味がないわけではない。

やるからには人に勝ちたい、競争に勝利したい、勝って世間に認めさせてやりたいというのは、とても自然な発想だろう。

ただ、そういう動機は得てしてコンプレックスに発している努力でもある。最初はそれでもいいのだが、勝つという結果だけを求めるようになってしまうと、やがて自分自身を苦しめてしまう。

これは、僕自身に勝ちを追求しすぎた時期があったからいえることなのだ。

子どもの頃の僕は、勝つことに飢えていた。勝てない自分は不満だったし、不安だった。それをどうにかするには、勝つしかない。

だんだん年齢を重ねてくると、勝てない自分への不満や不安は、心の中で形を変え始める。自分を責め始める。自分の才能のなさを呪う。相手を見下し、才能豊かな他人を妬む。そんな気持ちになってしまう自分にまた嫌気が差してくる……「勝ち」という現象にこだわりすぎることで、どんどん悪い方向に進んでしまう。

僕の場合その後どうなったかというと、ひどく疲弊してしまったのだ。もちろん、勝てなくなったし、一時は勝負そのものを捨てた。

とにかく勝ちたい、という思いが子ども時代から強すぎ、人一倍嫌な思いをしてしまったのだ。だから防衛本能のようなものが働いて、はためには回り道にしか見えないような行動を取り始めることになったのだろう。

その結果僕がつかんだのは、勝つためだけに生きるのではなく、自分の成長を考えることで最終的に勝ってしまう、今のスタイルだったのだ。

目の前の勝ちを貪欲《どんよく》に拾って成長できるなら勝てばいいし、勝つようにすればいい。しかし、勝っても成長には結びつかない局面は確実に存在する。もちろん、負けても成長できるケースもある。

幸せは、基本的に自分の内側から作り出すものだ。そして、自分だけは絶対に騙《だま》せない。どんなに勝っても自分が不幸を感じるなら、結局それは負けなのだ。

僕は勝ったのに幸福感が下がった経験があったからこそ、今このことを述べられる。

この本には、ただ勝ちたいという人にとっても、有効なヒントはあるはずだ。しかし本当に考えてほしいのは、自分にとっての「勝ち」と、今目の前の勝負に必ず勝つことは必ずしもイコールではないということである。

行き止まりとわかっている道でも進む意味があるかもしれない

僕の場合、あっちこっちに回り道をして、時間をさんざんかけて、ああでもない、こうでもないと悩み続けてたどり着いたのが、この本で述べているさまざまな結論になっている。

いろいろあったことは事実だが、現在の自分は本当にいい状態で、嫌な気になることがまったくといっていいほどない。そして、結果として勝負にも勝ててしまう。あんなに抱えていたはずの不安や不満が、どこにもない。

こういう世界があったことは、僕にとっても少なからず驚きだった。同時に、かつての僕のような思いを抱えているもっと多くの人が、今の僕のような感覚を持てればいいのにと思わずにはいられない。

では、自分の過去を振り返った時、今のいい状態に至るまでの最大のポイントは何だったのか、と考えると、逆説的になってしまうが、結局は勝ちにこだわりすぎることで、本当に嫌な思い、疲れる思いをした、ということではないのかと思う。

わかりやすくいうと、今の僕には、「とにかく勝てばいい」と表面上の勝ちにこだわっている人は、まだ痛い目に遭っていないからそんなことが言えるのだろう、と見えてしまうのだ。

勝つことだけにこだわり続ければ、いつかは必ずそのくだらなさ、不毛さに気づく。何歳で、どんな局面で気づけるかはわからないけれど、そんな自分が幸せではなく、その先にも幸福感がないということが、実感としてわかる瞬間が来る。

「勝ち続ける」ウメハラの本なのだから、読者の皆さんは僕が勝つという結果にこだわっていて、そのためにならどんな犠牲も払っているように思うかもしれない。世界一との称号を得た人間、あるいはギネスブックに載るようなプロ・ゲーマーは、勝ちにだけこだわっているように思われるのも無理はない。

実際に、そういう時期もあったのだから。

少し込み入ったことを述べると、僕がそういう人生に幸福がないことに気づいたのは、そういう人生を限界まで送ってみて、体感したからなのだ。

だから、もし読者の中に僕の述べていることが響かず、どうしても勝つことそのものが幸福に思えるのなら、一度その道に進んでみて、行き止まりの壁に体当たりすることが大切なのかもしれない。

矛盾しているようだが、でもここには真実があると思う。

僕が僕なりに体験した思いを述べることはできても、結局それが他人の人生をすぐに決定づけられるわけではない。今まさに表面上の勝ちにこだわりすぎてボロボロに傷ついている人にはわかってもらえるだろうけれど、そこまで行ったことのない人には、本質的にわかってもらえないのだと思う。

そして、体験せずにわかった気になるくらいなら、むしろ初めから、何も知らないほうがいい。

だから、たとえどん詰まりの行き止まりだとわかっていても、どうしても行ってみたい、見た目の「勝ち」を追求してみたいというのなら、そうすることも「あり」だ。むしろそう強く思うのなら一度経験してみることだ。とにかく、一度自分の100%の力で頑張ってみるというのは、必ずしも悪い体験ではない。最後は、その経験のおかげで、心に余裕ができるからだ。

だから、結局再びスタート地点に戻ってこなければならないことはわかってはいても、僕は止めない。たとえ人からムダだといわれたとしても、全力で取り組むのならば、体験してみること、やってみることには価値がある。

ルールは得てして理不尽だ

目先の勝負にこだわりたいという人に、ぜひアドバイスしておかなければならないことがある。

まず、勝つということは意外にも難しい、という事実だ。

単純な話だ。ある大会があって、10人の参加者がいるトーナメントが行われるとする。1回戦として5試合が行われれば、必ず5人が敗者になってしまう。

参加者の半分は、一度も勝てないのだ。10人の参加者のうち、それは最大勢力を占めることになる。

これは、意外にも高い壁であり、ショックを受ける。せっかく参加したのに、表面的な意味での「勝ち」は、ひとつも得られない。そしてそんな事態は、勝負の世界では日常茶飯事なのだ。

1回戦で負けてしまったことは残念だが、それ自体を悔いるのではなく、そこから何かを汲《く》み取れればいいのだが、表面上の勝ちにこだわる人は、傷つかないはずがない。

もうひとつ、目先の勝負だけにこだわる人が甘んじて受けなければならないのは、勝負事には人が作ったルールがある以上、ジャンルや分野によって程度の差こそあれ、世の中が変化するようにルールもまた変化していく、という事実だ。

ゲームなど、そもそも人間が作り出したものだ。プレーヤー同士の能力を競わせて勝負の結果を出すには、当たり前だが取り決めが必要になる。そして、それは人が作ったものである以上、理不尽なケースが多々あるし、またこれからも同じようにルールが変化していく。

冬が寒いこと、夏が暑いことに文句を言う人はいない。言ってみたところで人間にはどうしようもないからである。

しかし、ゲームのルール、あるいはその変更に対しては、自分に不利だと感じれば文句を言うことが少なくない。理不尽だといって抗議するし、勝てなければなお腹が立ってしまう。

だが、そこで腐ってしまったり、ルールそのものを根底から疑い始めてしまったりすれば、もはやその世界における自分の成長は放棄したも同然になってしまう。

僕も理不尽だと思うことがある。だが、それ以上腹を立てれば、結局自分が上達する力が失われる。なぜなら、自分がいるフィールド自体を疑っていることになるからだ。

ゲームは、この点が極めて顕著ということになる。すべて根底から変わってしまうこともザラだ。

そんな時、腐って自分のパフォーマンスを下げるのか、自分の気持ちを切り替えて新しく定義された「勝利」に向かうことができるのか。

僕は、理不尽さを含めて楽しめるようになれれば、いいサイクルに入り始めると思う。しかし目先の勝利にこだわりすぎると、この点を見落とす。そして、どんどんつまらなくなってしまう。

日本の教育に一言もの申す!

僕は学校において、決してよい児童・生徒ではなかったと思う。ゲームセンターに入り浸りだったからではない。ここまでお読みいただければ推察していただけるかもしれないが、先生が与える目標にいちいち強い疑問や嫌悪感を持ってしまうのだ。

50メートル走で8秒を切ってみよう。九九を暗記しよう。このドリルで漢字を練習しよう。テストでより高い点を取るようにしよう。

こうした類の目標を与えられても、僕は一切飛びつかない。

若干の例外は、授業以外の場で先生と何らかの関係性を築けていて、僕が「この先生の言うことなら聞いておこう」という意識を持てた場合だけである。

そうではない大半の場合では、「こうやりなさい」と言われた時点で、僕はまったくやる気を失ってしまうのだ。どうして走らなければならないのか、なぜ8秒なのか、暗記したり、ドリルをやったりする理由は何なのか。そういうレベルからいちいち自分が納得し、理解しないと、頑《かたく》なに「やらない!」と拒否してしまう。

当時の僕は幼く、まだ世間知らずだったから、本当は勉強しておいたほうがいい漢字や、暗記しておいたほうが計算が早くできる九九に、素直に取り組むことができなかった。

本当は勉強しておいたほうがいいのだ。というより、小中学校で教えることの大半は、知っておいたほうがよいことばかりだと思う。

僕が教育にもの申すなど失礼千万だと思うが、それでもあえて述べておきたい。

学校はまず、勉強や個別の知識を教える前に、学習すること、勉強することそのものの価値を教えるべきではないだろうか。ゆとり教育の良し悪しを論じることも大切かもしれないが、僕は日本の教育に足りないものは、学習することそのものへの意義づけではないかと思うのだ。

極端な話、最初の1年くらいは、何も知識や情報は教えない代わり、その教科を学ぶ意図を説明し、学習意欲をそそってもらうことのほうが、ずっと将来的にはプラスなのではないかと思う。漢字はどうしてこんなに難しいのか、それでも1文字1文字学んでいくことに、どんな意義があるのだろうか。

それなしに、ただドリルを渡して、やりなさいと指示を出す。漢字を覚えましょうと言われても、その先がどんな価値につながっているかがわからないから、結局放置するしかなくなってしまうのだ。

日本に漢字があり、それを読み書きすることにどんな文化的な背景があって、漢字を勉強しておくことでどんな将来が待っているのかを、まずは教える必要がある。じっくりと、時間をかけて。

高校への進学、大学への進学も、まずはなぜ高校に行くのか、なぜ大学に入りたいのか、という根本から掘り起こしてほしいと思う。

いくら学校では勉強のできなかった僕でも、しっかり順を追って勉強することの楽しさを教えてもらえていれば、今頃プロ・ゲーマーではない別の人生を歩いていたかもしれない。

そんなこと、一人ひとりの子どもに向かってできるほど、公立の学校に余裕はないという意見もあるだろう。そもそも学習意欲の刺激は、親の仕事なのかもしれない。

僕の場合でいうと、26歳で麻雀をやめた時、何も学問が身についていなかった自分を、ひどく後悔した。

昔から、ちゃんと順を追って僕に説明してくれれば、こっちも今より勉強しようという気になったかもしれない。

だから僕は、何も知らずに、素直に言われたことだけをしている、ただ純粋なままでいる子どもたちには、まずは学習すること、知識を得ることの重要性を授けることから始めてほしいと思う。

向き不向きを考えるな

結局は、何を頑張るかを自分で規定することそのものが価値であり、自分で設定することができれば、結局大体のことは解決する。

うまくいけばそれでよし、もちろん壁に当たるもよし。壁に当たればまず思考が発生し、限界に挑み、試行錯誤が始まる。

結局何度か壁に当たって考え、乗り越えたり、ほかの道に行ったりして、よりいい方向に成長する。それが理解できれば、後は自分で決めた道をとにかく行けばいい、ということなのだ。

僕は、たった一度だけ勉強しなかったことを後悔した。あんなに嫌だった学校の勉強など、18歳で学校と無縁になってからはせいせいしたはずだった。ところが、人生は思わぬ方向に進む。あれほど好きだった勝負事から一切離れる日が来るなど、考えもしていなかったのだ。

だから今なら、こういうことができる。

まずはっきりしているのは、僕は二度と後悔したくないということ。

別に、挑戦したジャンルでうまくいこうがいくまいが、もうそんなことは構わない。しかしその過程で後悔するようなことは、絶対にしない。二度とあの時のような轍《てつ》は踏まない。

これは、格闘ゲームの試合でも同じだ。もう、勝ち負けが気になっているのではない。後から振り返った時、なんと情けないプレーをしてしまったのか、これではまるでダメだというような後悔をしたくない。そのことだけを今は心がけている。

後悔さえしなければ、たとえうまくいかなくても、必ず次のステップに進むことができる。

だから自分が何をするかは、必ず自分で決める。人が決めたことなら、絶対に後悔するだろう。

第3章

勝ち続ける基礎を固める

効率を追求しすぎない

では、いよいよ具体的な「勝ち続ける」方法を考えていきたい。

まず、僕が強く勧めたいのは、効率を最優先しないことだ。

今の自分にはまだできない、ある目標があるとしよう。そこに向かって練習し、必要な知識を吸収し、繰り返し鍛えて身につける、というのが一連の流れになるわけだが、一般的には、その期間が短ければ短いほど効率が良いと思われている。

特に基礎を固めるような段階では、時間を使うことの価値は否定されやすい。早くもっと高いレベルに上り、強い相手と戦いたい、と思ってしまう。

しかし、僕の考え方はまったく違う。

基礎固めの段階こそ、たとえ最初のうちはボロボロに負けようと、人から笑われようと、納得できるまでじっくり時間をかけて回り道して考え、あえて定石やセオリーとされるものを疑い、時には崩してみる。自分で体験し、体験を通して学んでみる。そして、セオリーの意味を自分で再発見する。

誤解しないでほしいのだが、わざとふざけようとか、遊び半分でやれ、ということではない。たとえセオリーとされていること、常識とされている知識があっても、いちいち疑い、気の済むまで考え、壁に当たりながら進んでいこうということだ。その結果であればセオリーを受け入れてもいいし、場合によっては否定してもいい。ただ、教科書を暗記するようにセオリーを学ぶことと比べれば、長い時間と手間が必要になる。

ニュートラルな、先入観のない状態をどこまで保てるか。それが、高みに上がるための絶対的な強さになることを、まずは覚えておいてほしい。僕のような不器用な人間はもともとこうするしかなかったけれど、なまじ才能を持っていたばかりに基礎をあっという間にスルーしてしまい、後で自分を見失っていった人を、僕はたくさん見てきた。

格闘ゲームに限らず、どんな分野、どんな仕事であっても、最終的に目指しているのは、「誰にもできない、自分にしかできないこと」のはずだ。その表面的な結果が、ある勝負における「勝ち」であったり、ある大会での優勝だったりする。

でも僕は、「あんなこと、ウメハラにしかできない」と思われることが一番嬉しい。自分にしかできないことで、誰も知らなかったゲームの魅力を引き出し、人の心を動かす。それはプロとしてもっとも嬉しい瞬間だからだ。

僕がそうできるポイントが、効率を追求せず、基礎を固める際に必ず体験を伴うようにしていることなのだ。どこにでもいるようなプレーヤー、その他大勢の人間にならないために、ぜひ基礎を固める段階をスルーしないでほしい。

若い人の吸収力に対抗する

僕が効率を追求しないのは、若いプレーヤーへの対策でもある。

「今時の若い連中」などと書くと笑われてしまいそうだけど、実際格闘ゲームの世界では、30代前半の僕は十分ベテランの域に入っている。どんどん若い、有能なプレーヤーが出てくるし、自分が実績を出せなくなれば、すぐに「老害」呼ばわりされる。

僕が見ている限り、若い人の実力が目立つ局面はパターン化している。

彼らは才能を持っているだけでなく、瞬発力に長《た》けているのだ。

まったく新しいゲーム、あるいは僕が戦うことの多い『ストリートファイター』の新シリーズが出たとしよう。さまざまなルールが変わり、新しいキャラクターや技が投入されていることによって、ゲームの様相は大きく変わっている。

そういう時、いち早く実力を出し始めるのが、若いプレーヤーなのだ。はっきりいってこの段階では、僕は惨敗といっていいくらいひどい負け方を喫することもある。いよいよウメハラも終わったと囁《ささや》かれ始める。

しかし、知識の蓄積の段階に入ってくると、僕の勝率は大きく改善し、あまり負けなくなる。

反対に、いつもそうなることがわかっているから、序盤の屈辱的な負けにも耐えられるし、目先の勝負の結果は気にならなくなる。

こうした流れは、あくまでゲームの世界だけのものと勘違いされるかもしれない。でも、あくまで極端なだけで、実際は世の中の多くがこうなのではないかと思う。

僕は最近ビジネスを手がけている人と話す機会が増えた。ルールが変わることの少ないスポーツに比べ、ビジネスの世界は自分の意思に反して変化を余儀なくされることが多い。法律や規制が変わることはもちろん当たり前だし、強力なプレーヤーが登場したり、新たな発明や、革新的な商品、サービスが登場したりすることで、常に環境が変わっていくのだ。

ゲームは100％人工の世界だから、ある意味、変化が極端に人為的で、極端に大きいというだけだ。実際の世界でも起きていることを、わかりやすく強調しているだけなのだと思う。

変化がどうしても嫌なら、そして対応できないのなら、この世界から去るしかない。しかし勝ち続けようと考えた以上、自分の好みではない、自分の意図しない変化にもついていかなければならないのは仕方のないことだ。

ビジネスも、きっとまったく同じだと思う。変化する世の中に文句をつけても、何も起こらない。問題は変化していくことを前提に、どうその中で勝ち続けていくかなのだ。だから、極端なゲームの世界の出来事が多くの経営者やビジネスパーソンの興味を引くのではないかと思う。

「体験を通して学ぶ」とはどういうことなのか

では、具体的な例をあげながら、「体験を通して学ぶ」ということを考えていこう。

僕が一度格闘ゲームを諦め、麻雀を学んでいた20代前半の頃。僕はとにかく、バカみたいに、当たり牌《はい》を振り込んでいた。

麻雀を打ったことがある人なら常識だろうが、実際のプレーでは「降りる」ことが大切だとされている。自分の捨てた牌で相手に上がられないため、あえて良い状態にある自分の手を崩し、その局（プレー）におけるアガリ（勝ち）を放棄することだ。

でも僕は、麻雀をしている以上、どんな時でもできるだけ高い手を作ることが大切だと考えていた。だからどの牌が危なそうかを観察せず（危険な牌は、相手の捨て牌の傾向から読み取れる）、危険な牌でもお構いなく捨てて、毎回毎回全力勝負していたのである。

当然、どんどん打ち込んでしまう。勝負という意味では惨敗だ。

その様子を見ていた人たちは、もっと慎重に勝負をしたほうがいい、降りるべき局面を見計らって、しっかり降りることが大切だと教えてくれる。それでも僕は、自分で納得いくまで、このスタイルを変えなかった。

するとある時、突然に「なぜ降りなければいけないのか」が理解できた。

謙虚に打たなければいけないということが、心の底から、自発的に、体感的にわかったのだ。

こうなると、今度は徹底的にムダな打ち込みがなくなる。一方で、知識として「降りなければならない局面がある」ことを知っているだけの人は、実はなんとなく、要領でやっているだけであって、時折本当に降りなければ大怪我をしてしまうような局面で、不用意にスイスイ前に出てきて、取り返しのつかないことをしてしまうのだ。

この段階を愚直に行うことが、第4章で述べる「遊び」と、実力の伸びしろに直結する。

基礎が大事である理由

格闘ゲームに限らずどんな分野でもそうだと思うが、基礎があって初めて個性が生まれる。個性が生きて、その先の「勝ち続ける」世界が開けてくる。この順番を間違えてしまうと、後から苦労することになる。

僕が戦っている格闘ゲームでいえば、まず身につけるべき基礎は、使用する頻度が一番高い攻撃方法と防御方法、ということになる。

それはとても地味で、あまりやっていて面白いことではない。基本的には誰がやっても同じことだからだ。

しかし、基礎を正確に習得し、結果としてまったく意識することなく基礎的なことを出せるようにならなければ、その先の個性は発揮されないし、能力や才能が開花することもない。

即座に個性を発揮しようと考えるのは、絶対にしてはいけない勘違いだ。好きだから、才能があるからといって、すぐに自分にしかできないことが発揮できるほど、勝負の世界は甘くはない。

悩んでいる間どうなるのか?

再び格闘ゲームの世界に戻ってきた今の僕は、麻雀をやめようと思った時とは違い、もう目先の勝負の結果だけには左右されなくなっている。自分としては、大きく「進化」しているつもりだ。

しかし、何度も繰り返しているように、格闘ゲームの世界では、戦う場所が遅くとも

2年以内に新しいゲームに変わる。自分がどう変わろうと、ソフトが変われば相変わらず基礎固めから始めなければならなくなる。これはもはや、宿命だ。

では、現在の僕が新たに基礎固めを始めた時、具体的にどうなるかというと、表面的な現象をいえば、あっさり負けてしまう。まったくうまくいかない。

そして僕の内面的な状況を描写すれば、最初のうちはこう考えている。

「どうして負けているのか、わからない……」

もっとも、まだ何も技術を得ていないのにいきなり人前でプレーすることはない。一人用の「トレーニングモード」と呼ばれるものがあり、それで練習する。そこではどれほど要領が悪くても、恥をかくことはない。それでも理由がわからないから、こんな僕でもいちいち不安になる。

どうにか基礎的な技術を一通り身につけ、知識もそこそこ学んだと思えた段階で、本格的な実戦（他のゲーマーと対戦すること）に移る。

でもやはり、負けてしまう。そしてその場では、自分の何がいけなかったのか、よくわからないのだ。

当然、僕も悩む。

何がいけないのかがわかっていれば、そこを徹底的に練習し、知識を仕入れればいい。ところが「天性の」要領の悪さのおかげで、何をどうすればパフォーマンスが上がるのかがわからない。

おまけに僕は、人から「お前はここがまずいから、こうすればうまくいく」と教えられても、素直に、無批判に真似することがどうしてもできない。要領が悪いなりに自分の頭で思考しないと、自分のものにできないのだ。

こういう状態がしばらく続く。当然勝ち始めるのはその後になる。

壁に当たりながら基礎を固める

この間の自分の状況を僕なりの言葉で表現すると、「壁に当たり、傷だらけになっている」状態である。

割り切って書いてしまうと、基礎を固める段階というのは、実際はほぼすべてがセオリーの習得でしかない。

セオリーという言葉を説明しておくと、先人たちの試行によってこれだけは変えられないと考えられている知恵のことだ。さんざん検証されてきたことだから、今さら誰がやっても結局結論は同じで、得る知識やテクニックも似たようなものになる。また、どんなに実力があろうと、それを無視して戦うと負けてしまうものでもある。定石といってもいいだろう。

でも僕は、どうしても疑ってしまう。疑わずにはいられないのだ。

本当にそうなのか？　なんでみんなこれをベストの方法と信じて疑わないのか？　もっといい方法があるんじゃないのか？

どうして先人たちは、それをセオリーとしたのか。その答えを体感するには、自分できちんとセオリーと向き合うことだ。僕は、それが絶対の原則とはわかっていても、自分の頭で納得したくなる。

これはムダなようでいて、とても大事なことだ。

図③　壁に当たりながらセオリーを習得する

セオリーや常識にいちいちつっかかり、いちゃもんをつけ続ける。人から「これがセオリーだ」と言われようと、自分が体感的に納得できるまで検証や試行をやめられないのだ。

この状況を、概念的な図にしてみると、例えば図③のようなイメージになる

左右にある太い線は、セオリーや常識の「幅」を示している。とても狭く、ほとんどオリジナルが入り込む余地はない。

そこで多くの人は、早くこのトンネルを抜け出したほうがいいと考える。そして、直線的に上を目指し、あっという間に基礎固めの段階を通り越していく。端的にいえ

ば、セオリーや定石を暗記する。「それはセオリーだから、今さら考えても時間のムダだ」という理由だけで納得する。

だが、僕は生まれつきの要領の悪さ、そして簡単には納得できない性格だから、壁があるとわかっていても、どうしても壁に当たってしまう。その壁が本当に打ち破れないものなのか、自分の手で確かめなければ気が済まない。

しかし、ごく一部の例外を除けば、セオリーや常識は、やはり理由があってセオリーや常識になっている。壁の位置は変わらないし、穴も開かない。僕は結局ただ時間をかけて同じ道を通ってきただけのように見える。しかも壁に当たったおかげで、傷だらけにもなっている。勝ち始められるのも、ずっと遅くなる。

他のゲーマーたちは、何か克服するべき課題がある時に、例えばネット上で答えを見つけ、実際にやってみてやる前よりもパフォーマンスが上がればそれで納得してしまう。でも、僕にはどうしてもそういうスタイルが受け入れられないのだ。

それは、こんなシーンにも似ている。小学校、あるいは幼稚園かもしれないけれど、子どもは先生から、「正しい鉛筆の持ち方」「字を書く時の正しい姿勢」を教わる。ほとんどの子どもは「教科書にそう書いてあるから」、そして「先生がそう言っているから」という理由で、そのやり方を受け入れる。

でも僕は、どうしてその持ち方、その姿勢がいいのかを体感的に納得できない限り、どうしても前に進めない。ましてそれまで自分がしてきた方法を修正する気持ちにはなれない。

僕は、今ならこの教えが理解できる。例えばゲームをする際どんな姿勢をして、手や腕、指をどう置くか、コントローラーをどう持つかは、とても大切な要素になる。かつて僕のスティックの持ち方が独特で「ウメハラ持ち」と呼ばれたが、それらはすべて、どうすれば自分の力をもっともスムーズに発揮できるかを考えた結果だ。

正しい鉛筆の持ち方、正しい字を書く姿勢も、本来はそういうことなのだと今はわかる。でも、5歳や6歳でそんなことが理解できるはずはない。わからない以上はやりたくない。だから、必然的に回り道を通らなければならなくなるのだ。

基礎固めを超えなければ、本当の楽しみはない

「勝ち続けたい」と考える人に、僕はまずそれぞれの世界での基礎固めを勧めたい。セオリーや定石をいちいち検証し、疑ってみてほしい。だが、この作業は今までも述べてきたとおり、非常に地味であることは否めない。

しかも、その期間は意外に長い。いかに不器用とはいえ、プロ・ゲーマーの僕が新しいゲームの基礎を固めるまでに半年程度の時間がかかることはザラだし、麻雀は2年かかっている。読者の皆さんが、初めて何かにチャレンジするにあたって、基礎固めにかかる時間がどのくらいなのかは、僕には想像もつかない。1年なんて当たり前だし、3年かかるかも、5年かかるかもしれない。その間ずっと、地味で惨《みじ》めな日々が続く。

この感覚は、僕自身が今でも持っているものだ。世界一だ、ギネスに載っているプロ・ゲーマーだと言われても、実際は要領が悪くて、人より断然物覚えも悪い。

新しいゲームで不格好に負けて、長いトンネルに入ったかのような基礎固めの日々を過ごす。そのたび、いよいよ今回こそはトンネルに出口なんてないのではないかという気分に襲われる。ずいぶん長くプロ・ゲーマーを続け、麻雀のプロにもなりかかったく

せに、この感覚は毎回変わらない。

しかし、僕に若干の「年の功」があるとしたら、それは「この段階を超えなければ、何の楽しみも、幸福も得られない」ことを知っていることだ。そして基礎を固めるためには、ごまかしは許されない。惨めであろうと、格好悪くても、一切隠さず、堂々と正面から向き合う。正直きついけれど、しかし、とても大切なプロセスだと思う。

「好きだけど不向き」は最高の組み合わせになる可能性を秘めている

この本は、最終的に勝ち続けることができる自分の作り方を考えるものだが、その際、極めて大切になるテーマがある。

それは「向き不向き」だ。

何か好きな分野、ジャンルがあるとしよう。僕の場合は格闘ゲームだ。他の人にとっては、仕事かもしれないし、スポーツでも音楽でも、何でもいい。

ところが、「私は○○が好きだ！」と思っている分野でも、実は向いていないケースがほとんどである。

すでに述べたとおり、1対1のトーナメント勝負に落とし込めば、全体の半分はまったくの敗者である。大会に集まる人の多くは好きでそのジャンルに取り組んでいるのだから、少なくとも半分に入ってしまっている人、そして2回戦、3回戦で敗れていく人も、「好きだけれど（相対的には）不向き」という状態で取り組んでいることになる。まずはこの事実を押さえておいてほしい。

新しいゲームに取り組み始めたばかりの状態の僕も、それが梅原大吾だと知られていなければ、「格闘ゲームが好きだけどすぐに負けてしまう人」、つまり好きだが不向きの状態にある。

ところで、賢いといわれる人ほど、自分が好きで取り組み始めた分野において、どうやら自分は不向きであるという事実を突きつけられると、そこで取り組み自体をやめてしまう。もっとほかのことを頑張ったほうがいいのではないかと考えてしまうのだ。

できたらいいけれど、自分の得意種目にはなりそうにない。自分のもともと持っていた才能を生かせそうにない。そんな理由で、せっかく好きで始めたのに、放棄してしまうのだ。

僕は自分の体験を踏まえ、そうした考え方にはちょっと待ってほしいという気持ちがある。

実はこの、「好きだけど不向き」という状態が、最強の状態を作り出すきっかけになることがあるのだ。

多くの人は、壁に当たることを嫌がるし、壁に当たっている自分を不向きだと感じてしまう。例えば歌が好きな人が、好きなのに、音程が取れない、リズムが取れないからといって、歌うことそのものをやめてしまうようなものかもしれない。

でも僕は、それなら音程が取れてリズム感が完璧なら、歌手としてこの上ない成功が得られるのか、聞く人を感動させることができるのかと聞いてみたい。きっとそんなことはないはずだ。歌い手の感情、歌の作り手の意図、それらが作り出す、ライブパフォーマンスとしての空気。いろいろなものがミックスされて、歌を聞く人は感動するはずなのだ。

基礎固め、セオリーを学ぶ段階では、「歌い手の感情」について考えることなどまったく早すぎるし、作り手の意図など伝えられるようなレベルではないのだろう。でも高いレベルの歌手に求められているそうした意図ごと、音程やリズムという壁に当たることを嫌って諦めてしまうなんて、あまりにもったいないと思う。好きならばなおさらだ。

スーパープレーは無限大に広がった世界で展開される

僕の専門である格闘ゲームの世界でいうなら、好きだけど不向きという人の姿は、反射神経が悪いとか、要領が良くない、という形になって表に現れる。

でも、格闘ゲームの魅力は、決してそんなことだけではない。局面の分析力。精神面での強さ。もっともっと、奥は深いのだ。

せっかく好きなのに、取り組もうと思ったのに、取り組む上での入り口、基礎固めの段階で必要な能力がたまたま自分にないだけで、すべてをやめてしまうのは、本当にもったいない。

僕は不器用で要領が悪く、入り口の段階では常に「悲惨」である。格闘ゲームに限らず、麻雀でも、介護でもそうだった。だから新しいことを始めるたび、バンバン壁に当たるハメになる。正直、またかよと思う。

図④ 回り道をして基礎固めを終えれば、世界は広がる

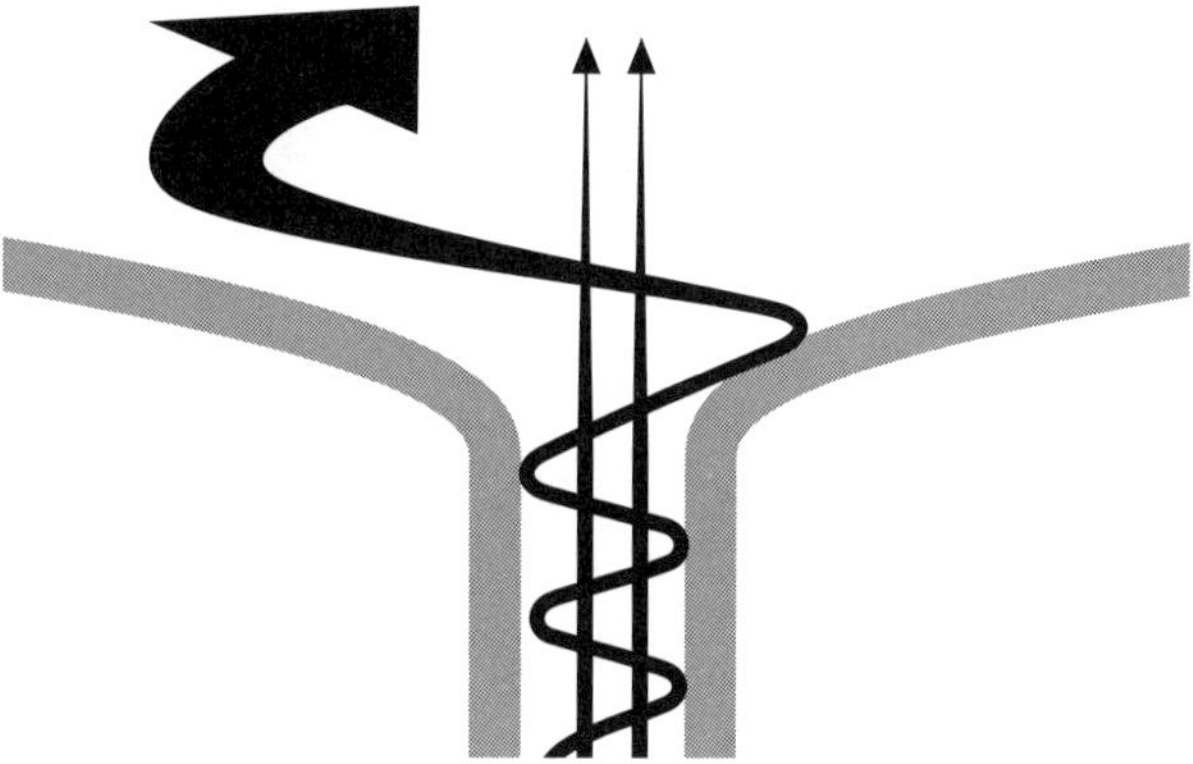

でも、ボロボロになりながら、人よりだいぶ遅れて基礎段階を通過すると、基礎的な技術だけ、反射神経だけで決して決まらない景色が開けてくる。どんどん求められるものが変わっていくのだ。

ふと見ると、僕よりずっとスムーズに、直線的に基礎固めを終えたはずの人が、この段階に至って足踏みを始め、脱落してしまうこともある。

基礎固めとは違って、世界は無限大に広がり始めているのに、いつまでも最短距離的な発想しかできず、必要最小限のものしか見られなくなってしまうのだ。

再び、今の状況を図にしてみよう。12

3ページの続きとして考えてほしい。

先ほど基礎固めを解説した時に示した図③が、131ページの図④の下の部分だと考えてほしい。

基礎固めはセオリー、常識の段階であって、「幅」は狭く、オリジナルが入り込む余地はないと述べた。

その狭さがわかるのは、この図④の段階まで来た時の話でしかない。

セオリーのレベルを通り過ぎると、壁の幅はどんどん広がっていく。

セオリーや定石の段階をクレバーに、短期間で効率よく抜け出した人は、実はその後も、直線的な、延長線上の世界でしか動けない。もっと世界は拡大しているのに、使ってもいいフィールドは広がっているのに、生かし切れないのだ。

一方で、さんざん常識やセオリーにいちゃもんをつけ、時間をかけて定石を学んだ人は、抜け出した後のバリエーションが圧倒的に違う。縦横無尽に遊び、好き勝手に活躍できる。結果として、誰も知らなかった価値、誰も目にしたことのないスーパープレーを生み出せるのだ。

僕の個人的な経験でいえば、入り口、そして定石のレベルをトントン拍子で通過していった人ほど、後で自分がその世界に向いていなかったことを悔やむ。

同時に、狭い定石のレベルで壁に当たることを嫌がり、あるいは自分が本質的に劣っていると思い込んで去っていく人があまりに多いのは本当に残念だ。

ある段階で、定石の学習に向いていないことなど、あとあとの世界の広がり方を考えればほとんどどうでもいいことであって、むしろ自分のオリジナリティを生み出す種である。そして、セオリーや常識などは、しょせん定石でしかない。時間をかける覚悟さえあれば、努力でどうにでもなってしまうのだ。

不器用こそが武器になる

根拠を示せといわれても困ってしまうが、少なくとも不器用で要領の悪い僕が、「世界で最も長く賞金を稼いでいるプロ・ゲーマー」として認められていることが、ゲームの世界における証明にはなると思う。

時には僕自身が「そろそろ潮時か？」と思ってしまう時があるにもかかわらず、やはり定石の段階を超えると、圧倒的に勝ち始める。こういう考え方をしなければ、説明がつかないと思う。

苦手なことをするのは、あまりいい気分ではない。それが好きな世界であればなおさらで、もともと好きだったからこそ、苦手なことに直面すると、すべて諦めて、やめてしまう。

でも、僕はこうした状況を何度も実感したからこそ、今は苦手なことに挑戦する価値を感じる。苦手なことに取り組むことでしか得られない体験があることを、疑わなくなった。

むしろ、もともと得意だったこと、自分で得意だと思っていることは、今の時点では価値でも、将来むしろ自分の足を引っ張る可能性があることを知った。

得意なことは、スーッとクリアできてしまう。すんなり理解できる。それは自分の実力や価値だと思いたくなる。

でもそんな方法で得た知識や経験は、本当の武器にはならない。逆境に追い込まれると、復活できなくなってしまう。

なぜだろうか。

もともと持っていた才能について、なぜ才能を持つに至ったのかを考えることは、実はないのだ。

僕の場合でいえば、中学生の半ばまでは体力的に優っていた。しかし、次第に同級生たちに追い越されていった。ゲームに打ち込んでいた僕に対して、彼らは部活動で毎日身体を鍛え、筋力をつけていた。腕相撲も負けるようになり、僕は悔しく、どうしようもない焦りを感じていた。大切なものを失った気がした。でも、どうすればいいかが分からなかった。

僕が相対的な体力に優れていたというのは、もともとあった才能だ。そしてもともとあった才能について、その存在理由は考えない。「どうして自分は体育が得意なんだろう?」「何で俺は腕相撲で負けないんだ?」とは考えないのだ。なぜなら、自発的につかみとったものではなく、当たり前に存在しているだけだからだ。

ということは、実はなぜそうなっているのかのメカニズムもわからない。能力を発揮する装置は持っているけれど、仕様も、最高出力も、設計図も拡張の方法もわからない。

自分で努力して得たものでなければ、その中味が説明できないのだ。

そして、いざその能力を伸ばさなければならない段階に来て、まったくの暗闇に包まれてしまう。どうすればもっと成長できるのか、何を練習し、どんな知識を入れればいいのか、皆目見当もつかないまま陳腐化してしまう。

だから、持って生まれた才能だけで戦い、何も不安を感じていない状態は極めて危険なのだ。

反対に、入り口でつまずき、辛い思いをして、ああでもない、こうでもないと言いながら得た、もともと持っていなかった能力のほうが、のちのちの世界では勝負になる。もう、どこからでもかかってこい、という気持ちにすらなれる。

そして、苦労をして得た経験がもとになっていると、決して同じ失敗をしない。知識としてダメだということを知っているだけでなく、体験として得ているからだ。

身体に染みついているし、頭にも刻み込まれているから、絶対といっていいほど揺るがない。そして、そうした体験を経ている人の言葉は、とても重みがあって説得力に富んでいる。痛い思いをしているからこそ、嘘や誇張がない代わりに、迫力がある。

あえていえば、もし本物を目指さないなら、広い世界に打って出る気はなく、そここで満足できるなら、何も傷だらけになって壁に当たる必要はないかもしれない。トーナメント戦の例でいえば、1回戦を勝てればいい、10人中で上の5人くらいのレベルに入れれば十分だというのなら、得意なことだけを全開にして、スピードと効率重視でも構わない。

でも、好きで仕方がなく、その世界で何かを後世に残したいと思うのなら、絶対に基礎固めをスルーしないでほしい。本当の課題は、どうすれば上手に定石をクリアできるかではなく、どうすれば無限に上手になれるかのはずだ。僕はそのほうがずっと価値が高いと思う。

基礎固めの段階で自分が不向きなのは、実は自分に無限大の価値が秘められているヒントなのかもしれない、と思ってほしい。

だから「好き」というエンジンを全開にして、怖がらず、人目を気にせず壁に当たってほしい。

分解し、反復する

では、傷だらけになる基礎の習得方法を具体的に書いていこう。

僕がいう「基礎固め」とか、「基礎をしっかり作ろう」とは、現象としては疑問を持ちながら極めて地味な作業を繰り返すことだ。この段階では、まだ個性は出しようがない。なぜこの基礎は大切なのか、なぜこうなっているのかを考えながら習得していくプロセスになる。

キーワードは、分解と反復である。しっかり学ぶと決めた以上は、面倒でも一度すべてバラさなければならない。

例えば僕が新しいゲームを習得するにあたって、ある一連の基本的な動作ができないとする。ここで大切なのは、「どうすればいち早く結果を得られるのか？」という発想をなるべくしないことだ。それは一見早そうでいて、実はかえって効率も要領も悪くなるという結果を招く。

大切なのは「自分は何ができないから結果が出せないのか？」という考え方である。

あるプレーができなければ、複雑に組み合わさっているそのプレーを、一つひとつのプロセスに分解することから始める。

ゲームだとわかりにくいから、バスケットボールでのドリブルからシュートの流れを例にしてみよう。ドリブルをしながら敵をすり抜け、踏み切ってジャンプしてシュートを放ち、点を取る。この一連の動作ができないという状況において、できない人ほど一連の動作として練習してしまう。

僕なら、すべてをいったん分解する。ドリブル。ドリブルしながらの敵のかわし方。踏み切りのタイミングや体勢。ジャンプ力。シュートの正確さ。

こうして、複雑に見える一連の動作を一度分解するのだ。

この場合、できない一連の動作ができるようになった場合、得られる成果、得たい結論は「点が取れること」だ。

しかし、落とし穴もそこにある。「どうして点が取れないのか？」という、結論だけにスポットを当てた思考に陥りがちなのだ。本当はドリブルの練習が不足しているだけかもしれないのに、そこがわかりにくくなることが多いのだ。だからいちいちバラして検証することが大切だ。もっとも、バラしたパーツにこだわりすぎて全体が見えなくなってしまうこともある。それは後で触れたい。

僕が新しいゲームに取り組む時も、まったく同じである。一連のできないプレー、不得意なプレーを分解し、自分の手の動き、目の動きなどといった、細かいパーツに分解して検証していく。

すると、どのポイントで自分がつまずくのかがわかるようになる。そこを反復して、重点的に練習する。その結果、時間はかかるけれど、やがてしっかりとできるようになるわけだ。

無意識にできるようになればクリア

次のテーマは、いつまで反復するのか、あるいはどういう状態になれば「できるようになった」と思えるかだ。

僕の場合は、「無意識にできるようになったらクリア」ということになる。

ある局面で繰り出す一連の動作があって、3つに分解できたとする。どこが不得意なのか、どこがより苦手なのかは、分解している途中でわかる。

そこで、各パーツを反復して練習する。最初はできないことを嫌でも意識させられるが、やがてできるようになり、最後は意識をしなくなる。そこで、次のパーツの反復練習に移る。

3つそれぞれのパーツが無意識でできるようになれば、通しでやってみる。すると面白いもので、最初はまったくできなかったはずの動作が、見事にできるようになっているのだ。

ただし、時間はそれなりに必要になる。

僕が想像するに、要領のいい人、才能のある人は、おそらく分解する作業を必要としないのだろう。

複雑に絡み合っている一連の動作を練習する時に、いちいちズームアップして、舐《な》めるように分解する必要がなく、もっと俯瞰的《ふかんてき》に全体をつかみ、急所を拾い出すことができるのではないだろうか。

結果、その部分だけを穴埋めするように練習するから、クリアまでの時間が速いのだろう。

だが、分解する手間暇、あるいは分解せずにはいられない性格は、要求されるレベルが高くなり、動作の絡み合い方が高度になればなるほど力を発揮し始める。

最初は才能だけで対応できていたのに、やがて限界が来て、分解を始めなければならなくなる。その時、初めて「分解達人」たちが持っているアドバンテージが物を言い始めるのだ。

分解・反復することによって「定石の本質」がわかる

分解には、できないことができるようになるということに加えて、もうひとつ大きなメリットがある。

なぜそうなっているのか、なぜこれがセオリーなのか、どういう構造になっているのかなどといった、「定石の本質」が理解できるようになるのだ。

きっかけは、あくまでできないことの練習であり、苦手な課題の克服なのだが、大きな副産物として、それがどんな意味を帯びているのか、あるいはその定石を編み出した人はどんな考えでここにたどり着いたのかがわかるようになるのだ。

もっとも、基礎固めという意味合いでは、このプロセスは直接役に立つものではないけれど、やはり将来的に、自分の幅を広げる際の強い味方、硬い知識・経験の地盤になってくれるのだ。

だから、分解・反復が得意な人にはスランプらしいスランプがない。不調に陥っても、新しいことに対応できていなくても、分解することによってなぜそうなっているかを探ることができ、反復練習で克服できるからだ。そしてそれを本人がわかっているからこそ、精神面でも追い込まれることはない。

不向きだったはずの自分は、実は不向きだったことで、知識や経験も、そしてそれらを得る作法という意味でも、じっくり時間をかけて貯金ができていることになるのだ。傷だらけになっている分、中長期的にはそれが強さとして現れてくる。

一方、直線的に学んでしまった人は、高いレベルの世界に直面した時スランプを迎えやすいし、克服法も知らない。だからいったいどうすればいいのか、まったくわからない状態に陥ってしまう。精神的にも追い込まれる。

成長が止まるくらいで済めばまだいいほうで、下手をすればリタイアしてしまう。トントン拍子でステップアップしていくことは、本当は恐ろしい。僕は天才ではなく、地味にいろいろ考えてきたからこそ、長い期間にわたって世界一とほめてもらえるのだ。

「正確さ」「速さ」「力を使わない」を同時に追求する

一連の動作をパーツに分解した後、技術精度をどう向上させるのかを解説したい。

追求するべきポイントは、3つある。

「正確さ」「速さ」、そして「なるべく少ない力で行うこと」だ。

この3つがすべて、一定のレベル以上に達した段階で初めて、技術精度が向上したとみなすことができる。

まず、それぞれのポイントを説明しておこう。

「正確さ」は、文字通りだ。ミスが少ないということだ。

次に「速さ」だが、格闘ゲームには時間の制限がある。ある一連の動作を正確にこなすにあたって、決められた時間内にできなければ、何も意味を成さない。もっとも、ビジネスであっても勉強であっても、時間の制限がまったくないシチュエーションは少ないだろう。

そして最後は、力をなるべく使わないことだ。ここは、ピンと来る人のほうが少ないかもしれない。

例えば大きなタイトルがかかった試合の、重要な局面でのプレーには力が入ってしまう。ゲームに限らず、スポーツでも、ビジネスでも、プレッシャーのかかる局面はいくらでもあると思う。

緊張を強いられる時、興奮している時でも、正確に、素早く、そして力を入れずに動作できるかどうかが大切なのだ。

裏を返せば、力を入れてプレーすると、より興奮し、より緊張を高めてしまうということでもある。普段から力を抜いていられるかが大切なポイントになる。

そして、この3つの要素すべてが、ある一定のレベルをクリアしていなければ、一連の動作としてのクオリティを保っていることにはならない。僕にとっての基礎力の高さは、これら3つの要素がバランスよく高い状態を保っていることを指す。

簡単なように見えるかもしれないが、この3つをすべてしっかり達成できている人は、僕の知る限り意外と少ない。

力を抜くことはできても、動作が遅い。動作は速いけれど、重要なところでミスを犯してしまう。正確無比だけど、いつも力が入ってしまっていて、ここぞという時にいいパフォーマンスが発揮できない……要するに、この3つすべてが最大レベルで成り立っていなければ、どれかひとつに長けていてもあまり意味をなさないのだ。

技術を向上させる、あるいは基礎の動作が身につくとは、こういうことを指しているのだ。

最適な負荷の設定方法

特に動作に関することになるが、練習をするにあたっては、自分にとって最適な負荷を知っておくことが大切になる。軽すぎてもいけないし、気合いばかり先行させて、過大な負荷をかけても、やはりうまくいかないものだ。

僕の考える、ちょうどいい負荷の設定条件とは、「意識すればできるが、意識しないとできないこと」といった表現になる。その辺のレベルにある動作を、徹底的に学ぶのだ。

また、具体的な例をあげていこう。

左手の中指と薬指をピッタリくっつけながら、テレビを見てほしい。できただろうか。おそらく読者の皆さんのすべてが、「そうしろと言われ、してみようと思ったらできた」という状態ではないかと思う。

では、引き続き指を離さないようにテレビを見続けてほしい。

すると、どこかの段階で指が離れてしまう。そのタイミングは、テレビから自分が興味ある情報が流れてきた時とか、つまらないからほかのチャンネルに変えようと思った時、あるいは今日この後の番組を、番組表で見ようとした時かもしれない。

いずれにしても、中指と薬指をぴったりくっつけること、そしてテレビを見ることはそれぞれ大して難しいことではないのに、意識がほかにいってしまうと、指はあっという間に離れてしまう。

そして「指が離れた！」と気づいた時、おそらくテレビの画面を見続けられている人はいないだろう。

つまり、「意識すればできるが、意識が切れてしまうとできない」状態にある。この段階では、反復し、練習を重ねることによってクリアできる。

しかし、もし「テレビを見ながら、手元はいっさい見ずに、番組の内容を正確にノートに記せ」と言われたらどうだろうか。ほとんどすべての人が、テレビを見るどころの話ではなく、意識してもそんなことはできない。そもそも手元も見ずに読める字を書けるかどうかも大いに怪しい。これは、負荷をかけすぎている状態である。難しいことをやりすぎなのだ。

意識すればできるが、意識しないとできなくなる、という対象が、ちょうどいい負荷のかけ方だ。適度な難易度だといえる。

欠点、苦手を克服する方法

僕自身は、昔も今も欠点だらけの人間だ。我ながら、苦手なところ、短所があまりに多すぎる。

例えば僕は、方向感覚がとても乏しい。地下鉄の出口を出たら、必ず迷う。行き当たりばったりに歩いてスムーズに目的地にたどり着けた試しがない。相手に呆《あき》れられるくらいのレベルだ。

そして、我ながら字が汚い。サインする時「一言書いてください」なんて言われるのは、実は好きではない。

でも、最近は欠点が目立ちすぎるあまり、逆に自分ではそうしたことが気にならなくなってしまった。まあ、それでもいいじゃないか、という気分だ。

欠点がいちいち気になるのは、いわゆる「完璧主義」の人なのだろう。僕は、ある基準を設けて、徹底的に克服する欠点と、放置する欠点に分けている。それが一般的に役に立つのかはわからないけれど、あくまで僕自身の欠点克服法として述べていきたい。

僕は、自分自身が耐えられない、本心から恥ずかしいと思う欠点は、真正面から克服してきた。そして、それ以外は気にしないことにした。

僕が克服した最大の欠点は、「人見知り」だ。

特に10代の後半、僕はひどい人見知りだった。人に話しかけるのは苦手だった。どうしてそうなってしまったのかは思い出せないから、もともと本質的には人見知りの傾向があったのだと思う。

大人に交じってゲームセンターに通っていた時代、そして17歳で初めて「世界一」と呼ばれた時代。僕は人知れず、強いコンプレックスを抱えていた。

19歳のある日、僕は自分の人見知りを克服することに決めた。

その理由は、もうひとつのコンプレックスからだった。何度か述べているが、当時の僕は、格闘ゲームという世界が世間からあまり受け入れられていないことに、引け目を感じていた。

そんな格闘ゲームに没頭し、ゲームセンターに通いつめている自分が、なおかつ「人見知り」だというのは、最悪の組み合わせだと思った。少なくない人が、「やっぱりゲームばかりやっているようなやつは人見知りだ」と思うだろう。それは、耐えられなかった。

決心したら、行動は早い。人と話すトレーニングを手っ取り早く積むには、接客が一番だろう。そこで飲食店のアルバイトを探し、天ぷら屋の仕事を見つけてすぐに連絡を取った。めでたく採用になり、僕はホールで働くことになった。

それまでは、できるだけ人に会わない、人と話をしないで済む仕事を選んできた。団子工場でのパック詰め作業。チラシのポスティング。しかし、とうとう耐え切れなくなって、自ら荒療治に出た。

はためには、ただバイトを変えただけの話だろう。でも、自分にとってはエポックメイキング的な出来事だった。克服しなければならない欠点は、徹底的に潰していくことを覚えた。

一方で、前にも述べたように小さな欠点は気にしないことにしている。

先ほどの例でいえば、方向音痴も、字の汚さも、もうそれでいいと思っている。他人に若干迷惑をかける可能性がないわけではないけれど、個人的には受け入れられる。

それよりも、欠点を隠すことのほうがずっと格好悪い。

どうせバレるのだから、僕は克服しないと決めた欠点は、むしろあからさまにして、笑い話にしてしまう。相手もよく笑ってくれる。それで十分だ。

長いトンネルの終わりは突然やってくる

基礎固めの先輩としてアドバイスできるのは、トンネルを抜ける瞬間の感覚についてかもしれない。

僕の実感では、何年もかかる下積みでも、3カ月〜半年程度の新しいゲームにおける基礎固めであっても、トンネルを抜ける瞬間が来るのは、本当に直前になるまでわからない。だんだん明るくなるとか、遠く向こうのほうに明かりが見える、ということはあまりない。急にふわっと視界が開ける。

だから、その直前まではひたすら地味で、我慢、我慢の連続だ。それでも「開けるときは急にやってくる」と信じて、毎日マイペースで努力を続けている。

終わりはないようで、やっぱりあるのだと思う。少なくとも今までの僕の経験上、終わりがなかったことはない。

だから、新しいゲームで、周囲がびっくりするくらいめちゃくちゃにやり込められても、今のところはその先にある世界を信じられる。麻雀なんて、2年くらいはトンネルしか走っていなかった。

もうひとつだけ、これからトンネルに潜る人のために、トンネルを抜けた後の僕なりの感覚を述べておきたい。

トンネルの中で得た動作や知識は、それぞれが独立していて、バラバラのように思える。もちろん、個々の動作や知識は、自分のものになっている。

真っ暗闇が終わるときは、それらがすべて、有機的にがっちりと自分の中でつながる感覚になる。同時に、そのゲームとは直接関係ないはずの感覚や経験、教訓も、一緒に再編成されていく。1秒くらいの間に、脳がピーンと来る感覚になる。そして、疑問だったこと、不思議に思えたことすべてに、答えが導けるようになる。なるほど、そうだったのか、という気持ちに包まれる。

そして、自分よりもずいぶん早い時期にトンネルを抜けたはずのライバルよりも、ずっと理解が深い。

そこまでには、随分な時間がかかる。でもたどり着いたら一瞬で景色が開ける。

そして、そこに行き着けた時の感覚は、ただただ、喜びしかない。

第4章

勝ち続ける知識と思考

知識の重要性

勝ち続けているかどうかは、中長期的な成長を続けているかどうかによる。目先の勝負に勝つかどうかではない。

しかし、あくまで結果として、そして最終的に、僕は自分の活動する分野である格闘ゲームの世界で、数多くの勝利を生み出す。その結果が、ゲームファンの記憶に残る試合になっていたり、日本初のプロ・ゲーマーとか、ギネス記録などになって現れていたりすることになる。

最終的に僕が成長し続けられる理由、そして結局は勝ってしまう原動力は、僕自身の思考のスタイル、そして自分だけの、あるいは他人が知らない知識を持っているからだ。

この章では、その一端をご紹介したいと思う。

ここでいう思考や知識は、あくまで他人と同じ方法、他人が知っているものであっては仕方がない。もちろん無意味ではないけれど、本を読んだり、ネットで情報を集めたりする、人から話を聞くことで得られる情報だけでは、決して十分ではない。

なぜなら、それは誰にでも手に入る知識だから、少なくともトップレベルの勝負に役立つようなものではないからだ。高いレベルの勝負において使い物になる知識は、「自分だけの知識」でなければならない。

そして、それを生み出すのは自分の思考力だ。

頭の回転の「速さ」と「強さ」

かつて、僕の父が言っていた言葉がある。

「俺は、頭の良し悪しを2種類に分けている。ひとつは頭の回転の『速さ』、もうひとつは頭の回転の『強さ』だ」

前作の『勝ち続ける意志力』を読んでいただいた方ならご存じだと思うが、7歳年上の僕の姉は、ものすごく頭がいい。とりわけ、図抜けた記憶力を持っている。競争などしようものなら、100%負ける。

小学生の僕に出された「日本国憲法の前文を丸暗記する」という宿題を、10分文章を読み返しただけでこなしてしまった。しかも本当は5分で覚え、残りの5分はチェックに使っていたのだという。

父は、勝負すれば必ず負ける僕に対して、何らかのフォローを入れてくれたのかもしれない。

頭の回転の「速さ」は、クルマでいえばスピードである。平坦《へいたん》な道では、スピードが物を言うから、勝負にならない。

でも、やがて道が坂になってくると、回転の「強さ」、つまりパワーが要求されるようになる。

要するに、だから僕の頭の回転が悪くても腐らずに頑張れ、ということと受け取った。学校の先生が口にするようなきれいごとに感じられて、正直、心には響かなかった。

だが、ゲームに真剣に取り組むようになって、だんだん父の言ったことが実感できるようになってきた。回転の速い人は、基礎段階、誰にでもできる知識が物を言う最初の段階では、あっという間に向こうに行ってしまう。しかしレベルが上がってくると、坂道はどんどん厳しくなり、最後は垂直の壁を登るような状況になる。もはやクルマでは進むことができなくなる。

プロのレベルでの勝負とは、崖をよじ登る際の数センチの差を争っているようなものだ。確かにそこでは、父が言うとおり頭の回転の「速さ」が問われているのではなく、誰にもできない思考、知識が大切なのだった。

失敗から学ぶことは多い

父は、「失敗から学ぶことは多い」という大切なことも教えてくれた。

負けることの多かった僕の気持ちを保とうと、そう言い続けてくれたのだと思う。だから負けた時に腐らずに済んだと同時に、結果としてうまくいかなかったことについても、思考をやめず、何らかの情報や知識を得ようという癖がついていた。

失敗から学べる最大の要素は、繰り返し述べているが、表向きの勝負に１００％勝つことは絶対にできないことだ。常に勝てることなど、ありえない。どこかで必ず失敗する。

そこに気づけると、失敗や敗戦から、自分がしてはいけないことを汲み取れる。失敗するなら気持ちよく、有意義に失敗しようと考えられる。

同時に失敗のショックも軽くなり、その後のモチベーションも高まる。二重の意味で、その後の自分自身が成長する原動力になる。

僕の場合は、成功したケースよりも、失敗した場合のほうが、経験を得やすい。

見ている人の目には、梅原は失敗した、負けた、と映っているだろう。確かに大勢の観衆が集まっている大会で負けるのは気持ちのいいことではない。

だけど、失敗から得るもののほうが大きいということを知ると、反省が最高に気持ちいい作業になる。

後悔することが辛く、苦しいだけなのに対して、今の僕は進んでしたくなるほど反省が気持ちいい。明らかに自分が成長しているという実感が得られるからだ。素直に、謙虚になって、自分の悪かったところ、もっと改善できるところを見つけ出す、脳みそから何か出ているのではないかと思うくらい、僕はこのプロセスを気に入っている。

例えるなら、人からとてもいいことをしてもらって、心から感謝を述べているようなシーンの感覚と似ている。

今の僕は、そのことを知っている。自分の頭の回転を強めることができるのだ。だから、失敗してもほとんど後悔することはなくなったし、むしろ勝ったり、優勝したりした時のほうが不安になるという、倒錯したような感覚になる時もある。これは後で触れることにしよう。

頭の回転の「強さ」を鍛える方法

この本は、僕と同じように、頭の回転が決して速くない人が読んでくれているのだと思うが、同時に僕とは違って、頭の回転の速さで生きてきた人、高速道路を飛ばして差をつけてきた人が、なぜ僕のような鈍足の人間に最後になって抜かされてしまうのか、という疑問にも答えられると思う。それはそれで、非常に苦しいことだと思う。

まず、平坦な道を高速で駆け抜けるのも、すべてが否定されるべきではない。前の章でも述べたが、参加者の半分より上に入りたい、というような目標を立てた場合、決してトップまで登る必要はない。ある線を超えれば十分で、より高いレベルに行くつもりはないのなら、わざわざ苦労をしなくてもいいからだ。

だが、それ以上を目指そうと考え始めると、今度は反対にその能力が自分の成長を止めてしまう。

まずは、「自分は結構レベルが高い」と思い込むことによる慢心によって、成長そのものが緩み、止まること。

そして自分の思考方法や持っている知識が実は他人の持っているものと変わりがなく、ただそれを会得するスピードだけで勝負してきたことが露呈し、その後の成長が一切できなくなってしまうことだ。

僕と同じタイプの人に対しては、あくまで腐らず前に進んでいけばいいとアドバイスするが、もともと要領がよく、頭の回転が速いといわれてきた人に対しては、付け焼き刃の助言はできない。

本気で上に行きたいのなら、自分の思考法を一度全部壊さなければならない。

道草の価値は、後半の伸び率だ

父の教えてくれた頭の回転の強さとは、つまり物事を考える力の深さだ。

深さというのは、内容だけではない。同じ思考でも、身をもって体験したことは強い。結果として、深く心身に刻まれることになるのだ。

鳥が飛ぶさまを見て、どう考えるだろうか。スピード優先の人は、大概こうだ。

「鳥は空を飛べる！　勉強になった。次はゴリラのことを知りたい」

これに対して、僕のような要領の悪い人間は、どんどん深入りをしてしまうのだ。どうして飛べるのか。羽はどうなっているのか。疲れないのか。風はどう影響しているのか。では足はどうなっているのか。羽毛はどうだろう。飛行機が飛べることとは何が同じで何が違うのか。人間はどうすれば飛べるのか……。きりがない。果ては「鳥人間コンテスト」に出てしまうかもしれない。ひどい道草だ。

もしこれが、「鳥はなぜ飛べるのか＝羽があるから」という授業の一コマであれば、僕のような人間はムダが多いくせに集中力がなく、もしかしたら怒られる対象になるかもしれない。極端にいえば、「鳥は羽があるから飛べる」と暗記してしまえば、点は取れるのだ。

しかし僕は、そんなことはお構いなく、好き勝手に考えを広げてしまう。明らかにその授業に関係のないこと、役に立たないことも次々対象に加える。それは、その授業を受け、テストをクリアするという観点においてはムダでしかない。

きっと、受験勉強にはもっとも向かないタイプだ。でも、最後に物をいうのはこのムダな思考だ。

ただ大学に受かりたいだけなら、受験勉強がもっとも適しているだろう。しかし死ぬまで学問を続け、誰もわからなかった問題に切り込む覚悟の人は、きっとそんなことはしないと思う。

こうした思考を繰り返している過程では、その時何の結果にも結びつかないものが生まれる。考えてみたけれどわからなかったこともある。

ところが、その場ではゴミにすぎなかった思考が、後からどうかするとゴミ同士がつながって新しい知識になったりするから面白い。

道草を好きなだけ食ったほうが、遊びの幅は増えるし、思考の幅も広がる。誰も見向きもしていないものに価値を発見し、更地から新しいものを組み立てられるようになる。後になればなるほど、その差は決定的になる。

道草の価値は、後半の伸び率なのだ。

要領のいいふり、わかったふりは害悪だ

「鳥は羽があるから飛べる」と答えた人の中には、実はレベルの違いがあると思う。ある段階のテストにおいては、そう解答できれば満点をもらえる。しかし、深く思考して、いろいろな角度から眺めた上でそう答えている人もいるだろうし、「先生がそう言っているから」「教科書にそう書いてあるから」という理由で、オウム返しに答えている人もいる。

そして、もっとも陥りやすい罠《わな》は、本当はわかっていないのにわかったふりをすること。そして要領がいいかのように振る舞う癖だ。

ただ要領がいいだけの人は、後から僕のような人間に追い越されてしまうが、要領のいいふりだけをしている人というのは、おそらく最悪の状態にあるといえる。

恥をかきたくないあまり、外部からの評価、評判を気にしすぎるばかりに、その場を取り繕う。その結果思考がそこで止まってしまい、長い目で見れば自分で自分の足を引っ張っているのだ。

ニュースに対する論評を、どこかのキャスターや評論家が述べていたセリフを丸ごとコピーして語ってしまうのがこのタイプだ。

パクっていることを恥じよ、というよりも、そうすることで自分の思考が阻害され、知識が入らなくなり、成長が止まることを恐れたほうがいい。

わかった気になれないから、恥をかかないように借り物で取り繕う。その結果、ますます物事を理解できなくなってしまうという悪循環なのだ。そんな人が新しい価値を生むことは絶対に不可能だ。

その場の小さなプライドを守るために、何の勝負にも勝てなくなってしまう。

自分だけの知識とは

知識は、大きく2種類に分けられる。

まずは、誰にでも見ることのできる知識。誰にでも見られる知識であり、見ただけで理解でき、真似されやすいものだ。時間とともに価値を失う特技や、すぐに広まってしまう情報もこのカテゴリの中に入る。

もうひとつは、自分だけのオリジナルの知識。他人に見えにくい、見てもわからない、見ただけでは盗めない知識。自分の体験からしか学べない知識だ。

もちろん大切なのは、自分だけのオリジナルの知識を集めること。そのもとになるのは、ここまで述べてきたような深い思考だ。そして、そのベースになるのが「変化を続ける」ということである。

自分だけの知識を広げたければ、変化をし続ける癖を身につけるといい。そして、自分だけのものには成り得ない知識は、大したものではないことを知ってほしい。

第3章で、分解と反復の方法を述べた。その結果現れるプレーは、いくらでも見ることができるし、真似もできる情報である。雑誌にも紹介される。そこでこんなキックを繰り出すといいのか、あそこではこう動けば防御できるのか。いずれも、見たままだ。真似しようと思えば可能である。

しかしそこで納得してしまう人は、どうして僕がそういう動きをしているのか、という根本を考えられない。

ゲームなら大した問題はないように思えるが、走るクルマを初めて見た人が取る行動を考えるとわかりやすい。

箱型の乗り物がやってきた。クルマというもので、機器をこんな具合に操作すると自分の力で走り、好きなところに素早く移動できる。

なんて素晴らしいんだ、自分もほしい、と思うだろう。そこで、クルマの外形的な特徴をコピーし始める。ボディーを作り、ハンドルやシート、アクセルやブレーキをくっつける。

見た目にはまったくクルマにしか見えないものが完成した。では同じように操作をすれば、どこにでも移動できるだろうか。実際は、うんともすんともいわない。

ボンネットにはエンジンがない。もちろんハンドルもアクセルもブレーキも、何ともつながっていないのだ。要するにクルマのハリボテだったのだ。

クルマの見た目は、すぐコピーできる。ボンネットを開けることができれば、やはりエンジンのハリボテまでは作れたかもしれない。でも、そのエンジンを作った人がどうやって動力を生み出す仕組みを構成しているかまでは、見ただけでは決してわからない。自分だけの知識とは、決して外からは見えないものだ。自分のオリジナルの深い思考があった上に出てくるものが自分だけの知識になる。だから、思考なくしてオリジナルの知識はない。

見ただけで真似できるものが、知識でないとは言わない。しかし誰にでも見える知識によって、高いレベルの勝負で決定的な差をつけることはできない。そのくらいのことは、みんな知っているからだ。

「遊び」は、一見無意味だ

僕が麻雀を学んでいた時の「遊び方」を紹介しておきたい。麻雀がわからない方にもなるべくわかりやすいように説明しよう。

第3章で、麻雀では降りることが大事だということを心から体感したと述べた。基礎を完全に習得した僕が、その後どんな形で遊び、どんな伸び率を得たのか、という話だ。

もう降りることの大切さを知っているから、いったんベタ降り（完全に手を崩し、打ち込まないことだけを目指す状態）すると決めたら、後は安全牌（打ち込むリスクのない牌）を切っていくだけである。

この時点で自分の上がりはないわけだから、後は他人が打ち込むか、流局（誰も上がれず、そのゲームが流れること）を待つだけだ。

ところが時々、安全牌ではないけれど、自分の見立てでは「これは切られていないけれど、一見当たりそうで、でも確実に当たらないだろう」と考えられる牌に出くわす。

僕の言う「遊び」とは、この局面で、安全牌を持っていながら、その当たらないであろう牌をあえて切ることなのだ。

はっきりいって、その局面における戦術的な意味はゼロどころか、確率論的にはマイナスですらある。セオリーは、あくまで確率論上当たらない確率がゼロとはいえない以上、安全牌を切ることを原則とする。

もちろん、この時点では僕の実力も相当上がっているから、何らかの根拠をもって「これは絶対といっていいほど当たらないだろう」と自分が思う牌を切っても、ほぼ当たることはない。ただそんな僕を見て、セオリー通り安全牌を機械的に切っていると思っていた人は、「あれ? こいつ降りていなかったのか?」と思うはずだ。

僕の意図は、一見無意味な遊びを通して、もっと長い時間軸、もう一段高い立ち位置での自分の実力を養うことだ。

そして、こうした積み重ねは、やがて別の厳しい局面で状況を見通す力に生かされる。それを知っているから、僕は時としてあえてベタ降りをしない。

僕の言う「遊び」とは、こうした時間的な余裕を、試行する手数の多さ、そして思考における自由さを確保することを意味する。

「降りるもんだ」という覚え方で技術を身につけてしまった人は、早く「降りる」というコマンドを身につけられる代償として、「なぜ降りなければいけないのか、降りる、勝負するを判断するギリギリのラインはどこなのか」という思考を深められないまま、その先に進んでしまう。もちろん遊ぶこともしないから、レベルの高い勝負で振り込んではいけない牌を止められなくなってしまうのだ。

そして、「遊び」を経ないで展開しているプレーは、感動を呼ぶことがない。効率化を追求したばかりに、結局効率的なことしか考えつかなくなってしまう。

格闘ゲームでもそれは顕著だ。どこかで見たようなセオリー通りのプレーばかりで、意外感がなく、面白くない。機械が勝手にプレーしているようで、受ける印象も、「あぁ、強いですね。すごいですね」という平板なもので終わってしまうのだ。

観衆が感動するような、興奮するようなプレーは、「遊び」からしか生まれない。僕の生きているゲームの世界には、「遊び」は欠かせないものだと思う。誰だってすでに知っているような「完璧さ」「完成度の高さ」を見せつけられても、実際はただ退屈なだけだからだ。観客はプレーヤーの人間的な成長も物語の一面として見ているし、成長のためには「遊び」が必要不可欠なだぶつきである。

「遊び」がないことを、もっとリスクとして認識したほうがいい。

同じように、びっくりするようなビジネス、感動するようなサービスだって、きっと遊びという土壌が必要なのだと思う。

誰にでも見える知識や情報は隠さない

知識のもとになるのは変化だと述べた。その関係を解説しよう。

不運にも、顔も名前も知らない何人かの人と一緒に無人島に送り込まれてしまった。食料はなく、とにかく自力で探し出し、生命をつながなければならないとしよう。

幸いなことにその島は、連れてこられた人が暮らしていくには十分すぎるほど食料に恵まれている。そこで、自分のためだけに、自分ひとりで食料を探して歩く。

すると、魚も果物も肉も野菜も手に入り、水場も近いという、ベストの条件の場所を見つけることができた。先客は誰もいない。さっそくそこに住まいを定め、快適に暮らし始めた。安心を得ることに成功したのだ。

ところが、後から後から、別の人に見つかるようになった。先に見つけたのは自分だから来ないでほしいと言っても、聞き入れてはもらえない。自分だけいい思いをするな、こっちにも食べ物を寄越せ、と言われてしまう。結果として、自分が独り占めできた食料も空間も、ぐっと減ってしまうことになった。

ここでいう居心地のいい場所は、有効な戦略や手段、あるいは知識である。そして、この場所を探し求めて歩いていた状態が、変化となる。

変化を続けたことによって、とてもよい戦略、使える知識が手に入った。これ幸いと、そこにとどまり、利用を始める。

しかしそれは、無人島の、とある場所という、見つけることさえできれば誰にでも見えるものだ。たまたま自分が一番早く見つけただけで、当然、いつかはほかの人も発見することになる。その結果、快適な空間ではなくなってしまう。

ポイントは、一度安住できると思い込んだら、人は歩くこと、つまり変化を簡単に怠ってしまう、ということだ。本当なら、その場所を見つけた後も、あえてその場所を離れなければならなかった。もちろん後からやってきた人に対して権利を主張する理由など、どこにもない。

一度たどり着いた結論、得た知識でも、やがて他人に発見され、陳腐化していく。誰にでも見える知識や情報はその程度のものでしかなく、時間がたてば価値を失う。絶対的な強さにはなりえないのだ。

自分が考えた知識はいくら真似されても構わない

僕は、たとえ自分で考えた知識、編み出した技術であろうと、隠すことが好きではない。どうせ使えば見えてしまう。見えてしまう部分を真似されることは一向に構わないし、質問されればいくらでも答える。隠そうとする自分が嫌いだからだ。

ある時点での特技は、必ず時間によって効力を失う。それはさまざまな形で起きる。みんなが同じことをやり始める。もっとすごい技が発見、開発される。自分自身の腕が鈍ったり、老いたりする。

どんなに思い入れがあろうと、作るのに時間がかかっていようと、一切お構いなしに、あっという間に陳腐になってしまう。まして今は、ネットの時代だ。情報はまたたく間に広まってしまう。

バレないかヒヤヒヤしながら隠すのは、そもそもダメだし、みっともない。良い成長のリズムから外れているし、そんな発想が自分の幸福感のプラスにならないことは明白だ。いくらでも、コピーしてもらっていい。

ひとつの知識、情報、あるいは特技に固執し続けるのは、成長を拒否し、勝ち続けることを放棄しているに等しい。

罠はいろいろな形で襲ってくる。やっかいなのは、自分で開発した技が他人から認められた結果、定評になることだ。「梅原さんのあのブロッキング、しびれますね。こだわりを感じます」なんて言われると、嬉しくなってしまうことは確かにある。

でも、それでいい気になり、自分の得意技にあぐらをかいてダメになっていく人を、僕は何人も見てきた。

そもそもこうした形で人をほめるのは、戦いの世界では時としてそれ自体が戦術になっていることもある。相手の目を自分の現時点の長所に釘付けにして、勝つために必要な成長を止めることができるからだ。真剣勝負の世界でライバルからほめられたら、少し気をつけるくらいでちょうどいい。

どこにでも持ち運べる知識

格闘ゲームが、ソフトの都合で定期的にルールが変更されることはすでに述べた。基本的にその時点ですべての知識や技術はクリアされてしまう。

しかし、実際は持ち運び可能な知識も存在する。僕がそう考える理由は、それがあるからこそ、僕は勝ち続けていられると思うからだ。

無人島の例を続けよう。後から来た連中に追い出され、再びリスクを背負って新しい生活場所を探す旅に出た。

再び、安住の地を得ることに成功した。しかしまた、他人に発見されてしまう。しかも前と同じ人たちだ。おそらく前の場所にあった食料は食べ尽くしてしまったのだろう。同じ理由でその場を追われ、三度《みたび》場所探しが始まる。

しかし、両者には決定的な差がある。

食料豊富な場所を知っているだけの人は、その場の食料を食べ尽くしてしまえば、それでおしまいである。よそに持っていくことはできない。

でも、未開の場所を探す知識は、ずっと残る。

別の島に移動すれば、表面上は全員が同じスタートラインに立つことになる。でも、前の島でひとりで未開の場所を探す知識を身につけた人は、新しい島でもやはりいちはやく場所を見つけることができる。

これが、持ち運びのできる知識なのだ。そもそも変化に対応し新しい場所を求めようとする気構えは、観察力や、深く広く考えることにつながる。

個性は結果的に出るものだ

どんな分野であれ、好きで、自分で選んで真剣に挑戦しているのだから、個性を目一杯発揮したいと考えるのは、ごく自然な成り行きだと思うかもしれない。

僕のプレーは個性的だとほめてもらうことがある。どうすれば個性が出せるのか、と聞かれることもある。

個性は、こうした知識の積み重ねから出てくるものだ。しかし、今の僕は、自分が個性的であろうとは特に考えていない。

むしろ、個性は出そうと思って出るものではなく、「個性的でありたい」と考えることはかえって危険であるともいえる。

僕が個性的に見えるのだとしたら、自分の専門分野である格闘ゲームにおいて、何が正しいかを追求するのが楽しく、そこで妥協をしていないからこそ、セオリーを疑いながら基礎を身につけ、その後はさまざまな遊びを経ながら思考しているからだ。

あくまで僕は、個性を出してやろうとか、個性的でありたいとは思っていない。それなら、単に勝ちたいという気持ちのほうがまだ強い。

僕の見てきた経験からは、早いうちから個性を出したがる人ほど、成長が遅くなってしまう傾向があるように思う。何を隠そう、僕自身も初めはそうだった。

自分の経験からいえば、基礎を固めているとは、基本的にぶれてはいけないことを意味する。もちろんいちいち基礎の基礎たることを疑うことが大切なのだが、それと自分の個性を出すことは大きく違う。

個性を発揮できるのは、あくまでレベルの高い、広い世界に出た後の話だ。それまでは、自分自身でぶれない基礎をつかみ取る、地味な作業を頑張る必要がある。

また、結局はそうした基礎があって初めて個性が出る。

現在、僕自身にオリジナリティがあるとしたら、それは意図的に出ているものではない。出そう、目立とうと思って個性を出そうとしているのではなく、努力の過程で勝手に、知らないうちに出てしまっているものなのだ。

個性についてよくある誤解を指摘しておきたい。第3章で述べた分解の過程で生まれた、ひとつの動きだけの完成度にこだわることを、個性の発露だと思い込んでいるケースだ。

ドリブルしながら敵をかわしてジャンプし、正確なシュートを放つ一連の動きによって点を取ることが大切なのに、自分がジャンプする際の形だけに特別なこだわりを感じ、そこばかり磨き始めてしまうような場合だ。

そこにこだわりすぎれば、当然全体像がぼやけ、最後には見失ってしまう。さらに重症になってくると、「俺はジャンプにこだわっている。点を取れるかどうかなんてその後の結果でしかない」と考え始めてしまう。

一見僕に似ているようで決定的に違うのは、この考えだと、勝負そのものを放棄しかねないことだ。勝負事である以上、基本的に細部のトレーニングは全体として勝利の達成に向かっているはずで、その結果が「負け」でも構わない、というのが僕の考え方なのだ。

勝負の本質に関係のない、あるいは勝負そのものから目を背けることを「個性的」であると思いたがるのは、本末転倒だ。

僕が麻雀をやめたふたつの理由

また、少し意外に思えるかもしれないが、基礎固めをしっかりすることで、自分が本当にその世界を好きなのかどうかも見えてくる。

最初の段階では、好きだからこそ、その世界にチャレンジしようと誰もが思ったはずだ。ところが基礎をしっかり固めて、完全に身につけたことによって、実際は自分に合っていなかった、よく考えてみたら好きではなかった、ということに気づかされることもある。

僕の場合は、麻雀がまさにそれだった。

始めた段階では、勝負事が好きだったし、何より本気だった。雀荘にアルバイトとして飛び込み、毎日12時間働いて、10時間近いプレーをこなす。家に戻ってからも、疲れて眠くなるまで牌を触り続ける日々が続いた。

そういう日々を、２年過ごした。基礎も固まったし、プロの世界に交じって戦っていくことも可能な気がしてきた。

ところが、実際に強くなってみると、そもそも自分が、そこまで麻雀の世界が、そして勝負事そのものが好きではないのではないかという、どうしても避けて通れない疑問に襲われてしまったのである。

そのひとつは、敗者の顔を目の当たりにしなければならないことだった。

そんなの格闘ゲームだって変わらないじゃないか、と思われるかもしれない。確かにその通りで、格闘ゲームであろうと、敗者は麻雀の場合と同じような顔をしているのだろう。

ところが格闘ゲームの場合は、間に物理的にゲーム機が挟まっているので、負けたその時の敗者の顔は見なくて済む。

当時の僕は、自分でも意外なほど、相手を負かすことによって自分が受けるショックに敏感だった。麻雀というゲームで真剣勝負をするということが、明確に勝者と敗者が分かれた瞬間に全員が居合わせ、今負けを悟ったばかりの相手を目の前にしなければならないという事実は、驚くほどヘビーだった。

だから当時の僕は、きっと将棋や囲碁なども向かなかっただろう。特に、自分の人生をかけた勝負で敗れ去った人の顔を真正面から受け止めることなど、絶対に好きにはなれない。

もうひとつは、麻雀が基本的に確率論を、つまりセオリーをオーソドックスに執行し続けることが賢い行動で、あまり「遊び」が生きる要素がないことだった。

捨て牌における「遊び」の例は先ほど示したとおりだ。あの行動の中で僕は頭をフル回転させ、少しずつ着実に進歩している自信があったのだが、麻雀というゲームには、ゲーム性の問題で、そうした遊びが最終的な勝敗において大きなプラス要素につながらないケースが多いのである。

それは、率直にいってモチベーションに関係してくる。

ずっと勝負事の世界で生きてきた僕が、急に麻雀をやめてしまった理由は、実はこんなところにあったのだ。

格闘ゲームはむしろ、「遊び」の多さが素直に生きる世界だ。これは麻雀を極めにかかる段階を経て、もう一度格闘ゲームに出合う段階で得た、重要な気づきだった。

人の真似をする功罪

僕は以前から、人の真似をすることに抵抗がある。しかし、真似をする意味がある時も確かに存在する。

格闘ゲームは相手の技がすべて見えてしまうから、嫌でも新しい技を繰り出されればそれを受けることになるし、他人のゲームを見ていても、当然目には入ってしまう。決して、見たくないわけではないし、すごいプレーを出してくる人には、すごいという素直な敬意を抱く。

では、その上で公開された情報をそのまま取り入れるかというと、どうしても気が進まない。対抗意識とか、プライドが許さない、ということではなく、自分が今持っている結論よりもよいものを丸飲みしてしまうと、自分自身が考えることをやめてしまいそうで恐ろしいのだ。

僕は、簡単に追いつくということに強い不安と危険を感じてしまう。自分で悩まず、痛い目にも遭わずにその情報をもらうと、結局自分で一から考えるところに戻る力が弱くなるのではないか、という恐怖感だ。

そして同時に、自分で考えることは楽しい。それが誰も考えられなかったプレーにつながった時の快感は、やがて陳腐になるとわかってはいても、やっぱり嬉しい。それを放棄してしまうのは、少しもったいない気がする。

基本的に自ら考え、誰にもできない戦い方をすることを好む僕が、ただコピーをすることで得るものがあると思う局面もある。

それは、その時点での自分の思考を限界まで高めたにもかかわらず、前に進めなくなっている状態だ。ただ機械的に真似てみることで、結果として真似し切れなかったとしても、何らかのヒントを得られることがある。

麻雀の基礎を固める段階で僕が一心不乱に真似をしたのは、同じ雀荘で働いていたTさんという強者《つわもの》だった。彼の許可を得て、打ち筋を見せてもらい、その真似を試みた。時には1日10時間、後ろに立っていたこともある。その結果、自分では気づけなかった、勝つために必要なことを学んだのだ。

役に立つ教えは、むしろ観念的なことである

麻雀打ちとしての僕の目標だったTさんの話は、前作『勝ち続ける意志力』で述べたが、実はその段階に至る前の、そもそも麻雀打ちとして自分が成立するかどうかを試していた時期に、僕が教えを受けた大切な人物、もうひとりの師匠と呼べる人物がいる。Hさんという人だ。

Hさんは名古屋の人で、知り合いの紹介でお会いしたという関係だった。だが一度話しただけで、僕はHさんから出てくる本物感に圧倒された。

麻雀が好きで、常に自分で考え、自分でつかみとってきた体験に基づく話、そして穏やかだけど深く、力強い語り口。

曲がったことが大嫌いで、納得がいかなければならず者でも向こうに回し、一歩も引かない。自分のルール、そして社会の決まりを大切にし、筋を通さない人間は許さなかった。

そこには、麻雀の打ち筋、テクニックだけではない、血の通った、人間的な魅力を感じた。

まだTさんに教えを請う前、僕が本気で麻雀を覚え、本気で勝てる麻雀打ちになろうと決心した頃のことだ。その方法を考えたのだが、どうしても自分では納得のいく答えが得られなかった。実力も追いつかなかった。

僕はHさんに連絡を取り、すぐに新幹線に乗り込んだ。

その時、Hさんは、ひとつも具体的な話はしてくれなかった。それなのに、僕は麻雀をやめた今でも、その時のことを鮮明に覚えている。

本気で勝ちたい、と気持ちを打ち明けた僕に対して、Hさんがかけてくれた言葉を思い出すと、こんな感じだった。

「要するに梅ちゃんは、真剣に麻雀に取り組みたいということだね。それは、麻雀打ちになるということだよ。麻雀が強いやつには2種類いる。ひとつは麻雀打ち、もうひとつはバクチ打ちだ。バクチ打ちは、麻雀の専門的な知識はあまりないけれど、とにかく強いよ。本当の、一流のバクチ打ちと戦うと、こっちが何をされているのかわからないままやられる。そのくらい強いのと戦うんだよ。でもね梅ちゃん、これだけは覚えておかなくちゃいけない」

そして、最後にこう言葉を継いだ。

「最後に勝つのは、麻雀打ちだよ」

Hさんは、それ以上具体的なことは何も言わなかった。僕も聞かなかった。

今なら、僕はHさんの言葉をこのようにとらえる。

好きという気持ちを持ち続け、成長し続けている人間は、細かい分析を怠らない。結局最後はそういう人間が勝つ。勝負のノウハウや要領、勝負勘で押してくる人間は、最後の最後でそれに勝てない。

僕は今、この言葉をゲームプレーヤーとしても受け止める。

どうすれば強くなれるのか、どうすれば勝てるのか、という問いに対する答えとしては、とても観念的だ。だが、具体的ではないからこそ、僕の心に残ったし、いっそう考えさせられ、結果として考えが広がった。

僕はボロボロになりながらも、当時の自分の限界まで頭を悩ませ、そこでHさんに教えを請うた。すると具体的でなくても、むしろ抽象的なほうが、より答えに近づけるような気がしたのだ。

そして、今でもHさんの言葉を思い出してしまうのは、こうした悩み方、そして観念的、抽象的な答えというのは、ある分野、何らかのジャンルを超えた普遍性を帯びているからではないだろうか。

Hさんの話は、プロ・ゲーマーになった現在の自分にとっても大切なものだし、もしかしたら、散々悩んだあげくにたまたまこの本を手にとっていただいた人に、僕や、僕を経由したHさんの言葉が、何らかの教えをもたらすかもしれない。

教えられたり、教えたりという関係の中で本当に大切なのは、あるジャンルのテクニックではないと思う。もっと人間的なことなのだ。

勝負へのこだわりと「遊び」のバランス感覚

この本では、勝ち続けるための思考や分析、そのための「遊び」の大切さを述べている。それとは一見矛盾するようなことを、自戒も込めてあえて記しておきたい。

Hさんのアドバイスもあって、麻雀に打ち込み始めた自分が、Tさんに張り付いて打ち方を学んだのはすでに何度か述べたとおりだ。

修行の甲斐があって、Tさんのセオリーをほぼ完璧に真似できたと思える段階を迎えることができた。Tさんにも僕の打ち筋を見て認めてもらえたのだから、決して自分勝手な感覚ではない。他人の打ち方も研究し、Tさんとの差をはっきり認識できるまでになった。どうして彼らはTさんに勝てないのか、手に取るように解説できるのだ。でも、僕はTさんのような結果を出せなかった。勝てないのだ。どうしてなのか、自分には分からなかった。

悩んだ挙句、僕はTさんに尋ねた。

「何がいけないんですか？　俺、手順はほとんどTさんと一緒ですよね？」

すると、もともと言葉数の多くないＴさんは、こんなアドバイスをしてくれた。

「ウメ、点棒増やすことだけを本気で考えてみろよ。お前なら増やせるから」

そう言われた時、僕にはピンと来るものがあった。

ある局面において、どう打っていくのか。それにはさまざまなセオリーがあり、その組み合わせで最善の結論を得ることができる。だから、「この場面ではどうすべきだろうか」と、常に自分の頭のなかにあるセオリーに聞く作業を繰り返す。

でも本当は、セオリーが完璧に身に付いているのなら、今目の前に展開されている状況を自分はどうしたいのかを、自問自答するべきなのではないか。僕には、Ｔさんがそう言ってくれているように思えた。

確かにＴさんの打ち方を見ていると、時々不思議なシーンがあった。セオリーでは１００％説明することができないような、「この牌を捨てたら他人にあがられてしまう」、あるいは「これは一見危険そうだけど絶対大丈夫」という独自の鋭い感覚に従って、わざわざ高い手を崩したり、危ない橋を渡ったりするのだ。

後で理由を聞いても、Tさんは「あんなの切ったら俺の点棒減るだろ」とか、「あそこは突っ張った（リスクを冒してでも自分のアガリを追求する）ほうが点棒増えるだろ」としか説明してくれない。全力で、何とも荒っぽい、まるで野生動物のような感覚で立ち向かう。恐ろしく強かった。

僕の麻雀の力は、Tさんのおかげで少しずつ向上していった。結果も出るようになってきた。でも、格闘ゲームに復帰した今の僕は、決してTさんのような戦い方はしていない。ほとんどのケースで、全力の7～8割に抑えている。それは麻雀をやめたからではない。

Tさんは、楽しそうに麻雀を打つ人を見て、こんなことも言っていた。

「もう俺の麻雀は、点棒が増えるか減るかでしか考えられない。本当は、もっと大らかに、楽しみながら打つべきなんだろうな」

Ｔさんにも、「遊び」や分析を大切にしながらゲームとしての麻雀を楽しみたいという意識があった。でも、もう戻れないのだ。

いろいろな可能性を試すことができず、持っている知識もテクニックも、常に１００％の力を全開にして打ち続けるしかない。そうしないと点棒が減ってしまう。

Ｔさんは常に全開で打てるからこそ、麻雀がめちゃくちゃに強い。そしてそうすることしかできないからこそ、自分の伸びしろよりも点棒を優先してしまうことを、自分自身が強く悟っていたのだ。

僕は、もともと勝負に対する、強すぎる先天的なこだわりを持っていた。特に麻雀をやめる前までの僕は、Ｔさん側の人間だった。いざ勝負を始めれば、この場を何とかしよう、勝つために間に合わせようという感覚を、僕はあり余るほど持ち合わせていた。だからこそ、行き詰まったのだ。

従ってこの本では、僕が経験に基づいて後天的に得た「遊び」や分析、思考の大切さを繰り返し述べている。

一方で、読者の皆さんの中には、「遊び」や分析の能力や大切さをもともと知っているけれど、勝負に対するこだわりが「なさすぎる」人もいるはずだ。スタート地点は人それぞれなのだ。

僕は僕が背負ってきたものに、TさんもTさんが背負ってきたものに、当然影響される。もちろん読者の皆さんも、それぞれ何かを確実に背負っている。

だから、もともと勝つことにこだわったことがない人にとっては、「遊ぶ」ことの大切さ、分析すること、思考することの重要性を説く僕の感覚は、少し通じにくいかもしれない。それどころか、「遊び」をただの「ゆるさ」と勘違いされるおそれさえあるかもしれない。

空手や剣道などの実際の格闘技で、「型」だけは上手にできても、実戦で結果が出ない人がいる。実は格闘ゲームでも同じだ。知識や分析は一流だけど、プレーは鳴かず飛ばず。

ところがそんな人が、ある日突然勝負の「意味」に気づき、いきなり化けるような例がある。ちょうど僕とは逆のパターンだ。10代のころの僕は、あの時のTさんのように常に10割勝負。力を出しすぎてしまう。しかし麻雀を始めた頃の自分は、5割くらいしか出していなかった。どこに血肉化するポイントやスイッチがあるのかは、本当は人それぞれなのだ。

Tさんはものすごく麻雀が強い。でも常に全力を出している自分を、どうすることもできない。実力差があるうちはいいけれど、成長が期待できる余裕を持ち合わせられない分、限界が来れば状況はきびしくなってしまう。

反対に、Tさんと同じ打ち方をしながら結局Tさんのように勝てなかった自分には、正しいセオリーを学んだ結果、思考がセオリーの正しさに乗っ取られてしまっていた。打ち方は常に受動的になり、立体的に考えられなくなっていたのだ。

正解は、この間のどこかにある。どこでバランスを取るかが大切なのだ。

「勝ち続ける」ということは、決して評論家や研究者になることではない。あくまでレベルアップのため、成長のためにしていることであり、実戦あってのことだ。だから、勝負だけにこだわってもいけないのと同様、勝負と必要以上に距離を取ってもいけないのだ。

どうすれば深い思考を持続できるのか

勝ち続けるためには、思考を深める必要がある。では、どうすれば持続的に思考を深めることができるのだろうか。

その答えは、ジムで身体を鍛えるようなものだと思う。

あまり難しく考えないでほしい。思考の強さ、意志の強さ、そうしたものはすべて、筋肉を鍛えるような感覚で鍛えることができる。

成長をするためには深い思考が必要だが、これは深い思考が続けられなければ成長を実感しにくいということでもある。

ここで大切になるのは、深い思考ができているか、成長しているか判別するのはあくまで自分の「内的な評価」であって、決して外的な評価に依存してはいけない、ということだ。そうでなければ楽しさがなくなり、持続することが辛くなってしまう。

深い思考の持続は、身の回りの、地に足のついたことから始めるのがいい。

鳥はなぜ飛べるのかでも、魚はなぜ泳げるのかでもいいけれど、とにかく今までの自分よりも頭を使ってものごとを考えてみる。

たぶん、30秒、1分くらいで疲れてしまうのではないだろうか。

ならば、そこでやめてしまって全然構わない。それは、現時点における限界であり、そこを無理に続けても、ただ嫌になり、頭がぼーっとして、面倒くさく、アンハッピーになるだけだ。身体を鍛えようとジムに行くのも、メニューを考えるのも、自分次第のはずだ。思考もまったく同じなのだ。

今日1分思考ができたこと、そこで得られた結果を大切にすればいい。疲れたら頭を休ませて、次の日に備える。すると、1分半、3分、1時間とやがて時間は延びていく。疲れないから継続できるし、継続できるからだんだんできるようになっていくのだ。

思考する際に、人と自分を比べない

同時に、決してしてはいけないことがある。それは、自分を人と比べないことだ。

自分は1分しか考えられなかった。ところがライバルのあいつは1時間でも平気だという。世の中には何日も考えっぱなしでいられる人がいるそうだ。自分には到底かないっこない……。

こうした思考が結果として招くのは、結局本人が思考を継続できなかったという、とても単純な事実だけだ。

他人が何分考えられるか、そして他人にどんな技術や能力があるかもそうだが、いずれも外的な評価軸そのものだ。

続けることが大切なのだから、ここでのものさしは自分だけでいい。今まで深く考えようとしたこともなかったのなら、今日1分考えただけで革命的な進歩を遂げたことになる。そして明日3分考えたら、2分も延長できたことになる。そういう考え方でいいのだ。

この場合、根性論は役に立たない。楽しくないと感じれば、そこで思考も成長も止まるから、いくら締め上げても意味はない。

好きで不器用が最強の組み合わせと述べたけれど、その根本である「好き」という気持ちが失われたらどうにもならない。

成長とは、好きでいるためにどういう工夫をするかである。好きで居続ければ、勝手に成長していく。

今は1分かもしれないが、その自分を好きで居続け、成長を続ければ、5年後ぐらいには3時間、5時間になっているかもしれない。

自分の成長だけを見ていないと、かえって成長できない。周りのペースに合わせようとすると、かえって先に進めない。

これは、自分は要領が悪いと考えている人ほど、心に刻んでほしい考え方だ。周りの目、外的な評価の基準、人との競争は、自分の中から捨て去ったほうがいい。

自分自身が思考し続けることが本当の価値なのだ。

目標の設定は、「ドーピング」にもなりうる

同じ話として、目標の弊害にも触れておきたい。

僕が今、特に具体的な目標を持たないようにしている理由は第2章で述べたが、ここでは目標が持っている危険性に触れておきたい。

いうなれば、目標の設定は「ドーピング」に近い効果を生んでしまうのだ。

ゲーマーが、何らかの大会で一定の成績を上げることを目標に設定したとする。そのレベルを調べ、そこで勝てるよう頑張る。

この場合、目標には日時がある。何カ月後の何月何日に大会があるから、そこに向けて頑張る、という形を取ることになる。直前になればなるほど無理をしがちになる。

結果として、目標を達成できたり、できなかったりするだろう。性格的にこの種のやり方に向いていると、最後の最後になって力の放出がピークになり、良いパフォーマンスができることもある。

ところが得てして、その目標が過ぎてしまうと、直前に頑張った分、成長のペースが緩んでしまうのだ。

大学受験などがわかりやすい例だろう。受験生の間は遊ぶ時間も、寝る間も惜しんで頑張る。結果、試験が終わると少しのんびりしたいという意識が働きやすくなる。そう思っていなくても、無意識のうちに精神的にも身体的にも休息をとりがちになる。

僕が考えている成長の持続は、あくまで一定のペースであることがベストだ。何があろうと揺るがず、常に一定のペースで持続することを大切にしている。

というのは、一時期過度に頑張ると、その反動で穴埋めするどころか、かえって後でサボる分の悪影響のほうが大きいのだ。ドーピングの副作用のようなものだと思う。力を人為的に出しているからだ。

大学に受かることが目的ならそれでもいいかもしれない。でも僕は世界一というレベルで戦っているから、自分にしかできないプレーを追求したい。そのためには、心に波風を立てずに毎日一定のペースを保つほうが有利なのだ。

プロにとっての成長は、ほとんど目に見えない

高いレベルに上がるに連れてどんどん難しくなることがある。自分が本当に成長しているのかどうかが、見えにくくなるのだ。

勝ち続けるとは成長し続けることであって、それは達成感のためにある。だから自分が成長しているという実感を持つことは、幸福感に直接つながっている。ところが、勝負のレベルが上がってくれば来るほど、その認識が難しくなってしまうのだ。

将来プロ野球に進む才能を持っている子どもが、近所の仲間と野球を始めたとしよう。あまりに能力が違い、勝負にならない。

そこでリトルリーグ、シニアリーグに所属する。ここでも能力差は圧倒的で、エースで4番を務めることになる。

野球の強豪高校にスカウトされる。さすがに各地からやってきた才能のあるプレーヤーが集まっているため、自分の才能や適性、そして相対的な力関係によって、ポジションや打順が決まる。しかし結局3年生になれば強豪高の4番打者として活躍し、ついにプロ野球選手になる。

プロ野球界は、野球をしていた人の中で超のつく一流の実力と才能を持った人の集まりである。しかも、成績を出せなければ退場しなければならない世界だ。

では、そこまで行き着けた人たちに、どのくらいの能力差があるだろうか。

急にスター選手が現れる。ベテラン選手が故障した穴埋めに使われた選手が、本家を食う活躍を見せる。反対に、あんなに活躍していた選手が、少しリズムを狂わせただけでやがてスタメンから外れ、1軍からも追い出されて球界を去っていく。

実は、高いレベルに行き着いた人たちの間での差は、極めてわずかなのだ。そして、極めてわずかな差を争っている以上、そのレベルにおける成長とは、本当に小さな、注意深く見ていないと見逃してしまうような進歩でしかない。素人にはよくわからないし、多少野球を知っている人に語ったところで、何を意味しているのかなかなか理解してもらえない。

ちょうどこの章の最初で述べた、平坦な道がやがて厳しい坂となり、最後は垂直の壁を、ピッケルを使ってよじ登るような有様になる。スイスイ成長できた少年時代とはまったく異なる、小さな小さな成長を重ねなければならない。そしてそれを実感できなければモチベーションを失って、あっという間に壁から落下してしまうのだ。

小さな変化を実感する方法

僕は、自分自身が成長し続けることと同時に、成長し続けている事実を自分で把握することも大切な能力だと考えている。特に、レベルが上がってくれば来るほど重要度が増す。同じレベルかそれ以上のライバルにしかわからないし、彼らは普通励ましてくれたりはしない。だから自分でしっかりモニターをすることが大切になる。

そのために大切なのは、実は普段から小さな変化を見逃さないようにする観察力。そしてそれを記録にとどめることだ。

何も、すごいことが要求されるわけではない。

あるスーパーに行ったら、いつも別の店で100円で買っているインスタントラーメンが98円で売られていた。2円安く買えることを発見した。それは確かに発見ではあるけれど、しかし変化としては非常に小さいものである。実際問題、2円安く買えてもそれほどお得感はない。

でも、なぜ一方の店は2円安くできるのか、を考えることもできる。何かコストを削っているのか。仕入れの方法に秘密があるのか。セールはどのくらいの頻度とタイミングで行うと効果があるのか。別に正解を求めよということではないし、わからなくてもいい。あれこれ考えを巡らせ、可能性を検討してみるということがエクササイズなのだ。

こうした小さな変化に気づく癖をつけておくことが大切だと思う。

ラーメンの値段に限ったことではない。僕たちが当たり前のように毎日を暮らしている街も、一日として同じ日はない。必ず変化があり、積み重なっている。

時々街の景観や構造を変えるような大変化もある。多くの人はそうしたレベルの話だけを捉えて「この街も変わってしまった」とため息をつく。でも本当は、たまたまその変化が大きいから気づけただけで、小さな変化はいつでも起きている。そしてある程度高い位置に登った自分自身の変化も、それとまったく変わらない。大変化、大進歩はめったにない代わり、小さな変化、小さな成長は実は毎日起きているし、起こさなければならないのだ。

僕は、少しでも変化を感じたら、見逃さずにその場ですべてメモに残すようにしている。携帯を取り出して、メモ帳に記録していくのだ。

それは、後で記録を見返すための、日記的な意味があるのと同時に、その作業を続けることで、自分は確実に成長していると自分に気づかせ、モチベーションを保つという意味を持っている。

成長していれば、どんな変化にも対応できる

格闘ゲームの世界は常に変化している。でも僕はその中で勝ち続けている。その秘訣《ひけつ》を教えてほしい、という人には、こんなたとえで説明することにしている。

僕やライバルは、レーシングカーでレースをしている。当初は僕のクルマはスピードが遅く、またあっちに行ったりこっちに行ったり寄り道が多くて、先頭争いには加われない。

ところが、最後は僕が勝ってしまう。

それは、このレースに、終わりがないからなのだと思う。

勢い良く飛び出したライバルたちのクルマは、猛スピードで進み、急成長する。このレースがゼロヨンなら、あるいは数キロで終わるならそれは正しい戦略だと思う。

しかし行けども行けども終わりが見えない。何周回っても、僕のような遅いクルマを周回遅れにしても、延々と続いていくのだ。

やがて彼らは疲れ始め、ペースが遅くなってくる。飽きてしまって、勝手にレースをやめる。つまらないミスで、自爆的にクラッシュし、コースアウトしていく。結局は

99・9%の人が、リタイアしていくのだ。

結局は、自分のペースでアクセルを踏み続けていた僕が残る。というより、僕しか残っていないような状況というのが正しいと思う。

成長の持続は、終わりのないレースだと思ってほしい。最後まで走っていること、最後まで成長し続けていることが大切なのであって、途中のスピードや順位には固執しない。大切なのは、焦らないことだ。

そして、成長し続けることができれば、実はどんなレースにも対応できるようになる。クルマはやめてバイクにしても、自転車で走ってみてもいい。種目は変わっても、相変わらずゴールはないのだから、結局は成長し続けられる人が、どんな変化が起ころうと、勝てる仕組みになっている。

レベルが高くなってくれば来るほど、最短距離を走ったことによる「不合理さ」が目立ってくる。最短距離なのに合理的でないとはおかしいと思うだろう。しかしそこは矛盾しない。高いレベルの勝負は、結局まだどの人間も見たことのない世界である。そんなところで何が合理的かなんて、人間にはわからないのだ。

その程度に、人間社会は不完全で、複雑だ。見えないことがあるから面白い。知らない知識、発見されていない価値がたくさんある。

それを汲み取ることができるのは、思考を続けた人だけなのだ。

第5章

勝ち続けるメンタルの構築法

勝つために手段は選ぶ

最後の章では、勝ち続けるための気持ち、精神面について述べていきたい。

まず、格闘ゲームに生きる僕が最近特に考えているのは、戦ってくれる相手を尊重することだ。でも多くの方は、どうして相手を尊重することが、直接勝ち続けることにつながるのか、ピンと来ないだろう。

まず書いておかなければならないのは、僕は「勝つために手段は選ぶ」ということだ。

もちろん、一般的には「勝つために手段は選ばない」という成句として知られているわけだが、僕は正反対の立場を取る。それが相手を大切に扱うことであり、同時に嘘をつかず、ズルをせず、欠点を隠さないことにもつながっている。

ところで、ゲームの世界にも「勝つために手段を選ばない」人は少なくない。勝負をしているのだから勝ってなんぼ、勝たなければやっている意味がないと考えているのだろう。

本当にそうなのだろうか。

ある格闘ゲーマーの話をしたい。もう20年近く前、僕が中学生の頃によく戦っていた人だ。

彼は当時、間違いなく全国で５本の指に入る実力を持っていた。僕は彼より強かったけれど、そのほかでは、周囲に敵はいなかったと思う。

彼こそが、勝つためなら手段を選ばないタイプだった。

格闘ゲームにはキャラクターがあり、それぞれ力や動き、技や使う道具に特徴を持っている。キャラクターの強弱もあるし、対戦する際の組み合わせの有利、不利も存在する。ある対戦において、もともと相性の良くないキャラクターで戦うと、プレーヤー間の実力差を逆転してしまうくらいのハンデになる。

しかし彼は、そうした局面では絶対といっていいほど、相性の良い側のキャラクターを使うことをためらわなかった。

もともと強いのに、絶対に負けたくないためにわざわざ強いキャラクターばかりを練習し、有利なキャラクターを繰り出す。こうした行為は、ゲーマーの中では「かぶせ」と呼ばれ、嫌われる。多くのゲーマーはお気に入りのキャラクターを大事にし、そのキャラクターの特質を生かすよう練習を重ねているのに対して、彼は相手の用いるキャラクターよりも有利なものを、常に手札の中からかぶせてくるわけだ。そのことに、彼はためらいを持っていなかった。

事実、彼は僕以外の相手にはほとんど勝利した。しかし、手段を選ばなかったために、次第に彼と対戦してくれるゲーマーは減っていった。

フェアであることの大切さ

ゲームは、基本的になくても生活するのに困らない類のものだ。

僕もそうだが、みんな真剣勝負を楽しみたくて、そして長い目では楽しさを追い求めたくてゲームに興じている。

しかし、安易な、ずる賢い方法を繰り出す彼と対戦しても、何の工夫も生きず、何の楽しみもない。だから離れていってしまう。

やがて彼は、実力そのものは高いにもかかわらず、誰にも相手にされなくなってしまった。実力のキープは、レベルの高い相手が戦ってくれてこそ可能になる。だから、僕との実力差は、より大きくなってしまった。

麻雀も同じだ。勝つために効率を追求することは当たり前だと思うだろう。しかし、場が白けるほど効率を追い求めたら、どうなってしまうだろうか。麻雀の醍醐味《だいごみ》も何もあったものではない。嫌われて、他の3人に集中攻撃を受けるくらいならまだいいほうだ。やがて誰も、一緒に卓を囲んでくれなくなる。

人間同士の戦いにおいては、ルールで禁じられていること以外ならなんでもしていいということではない。ルール以前の、勝負する者同士の不文律がある。

そこには、人と人との勝負がもともと持っている存在理由、勝負する者たちが抱える感情、目指すべき姿、そして互いに敬意があれば絶対に相手に対してしてはいけない掟《おきて》が投影されている。長い時間をかけて作られてきたもので、わざわざルールにするまでもない共通認識だ。

僕がわざわざこの話をするのは、勝負にのめり込むほど、本来なら人間が持っている「フェアであることの大切さ」を見失うリスクがあるからだ。勝つことにこだわりながら、もともと持っていた敬意や誠実さをキープするバランス感覚を持つことの大切さに、気づいてほしいと思う。

不思議なもので、僕の戦っている格闘ゲームの世界では、たとえ国が違おうと、同じゲームであれば似たような不文律が成立していることがほとんどだ。日本人でも韓国人でも、欧州であろうがアメリカであろうが、「それをやったらおしまいだ」という内容は、示し合わせたわけではないのに似通ってくる。だから、言葉が通じない相手と対戦する時でも、互いに敬意を払うことができる。

そこには人間がいる。コンピューターが相手ではないのだ。

勝つために手段を選ばなければ、結局は勝つ機会そのもの、そして成長のチャンスまでを失うことになる。戦ってくれる相手を尊重する心がなければ、結果として、勝ちを追求しているつもりがむしろ実力を下げてしまうことになるわけだ。

同様に、嘘を言ったり、不正を働くこと、そして虚勢を張って自分を大きく見せることも、やがて代償を払う時が来る。

最初のうちは勝てていても、それはちょうど借りたお金で贅沢《ぜいたく》をしているようなものなのだ。やがて、利息をつけて返さなければならない時が来る。

勝負はフェアでなければいけないと思う。もう少し具体的に言えば、もし自分が強いのなら、十分気を配って、自分だけが一方的に有利にならないような条件を作るよう、時には進んで心がける必要があると思う。ある程度自発的に、自分の利益を放出し、欲を抑えなければならないと思う。

それは最低限のマナーであり、不文律だ。ここに気を配らなければ、結局長期的に勝つことができなくなる。

誰だって、互角な、フェアな条件で戦うから面白いし、遊んでくれる。相手も成長できると思ってくれるから、自分にも成長の相手をしてくれる。勝った相手を心から尊敬してくれる。

そして、それは本当にありがたいことなのだ。

運と向き合う

僕が戦っている格闘ゲームにおいて、例えば最高レベルの、大きなタイトルがかかったようなゲームであれば、はっきりいって勝つか負けるかはかなり運の要素が強いといっていい。1回勝負なら、いっそう強くなる。

なぜなら、そんな場面で対戦する相手と争っているのは、知識や技術において、垂直の壁をどちらが数センチ、数ミリ高く登っているかだからだ。そのレベルでは、ある一時点で勝負をしても、結局勝敗を分ける決め手になるのはまぐれや運、不運、あるいは当日の体調、集中力の状態、座った位置などである。それがたまたま向くか向かないかで、簡単に勝ったり負けたりしてしまう。

半面、さっき格闘ゲームを始めたばかりの人と、僕が対戦したとしよう。これはどんなに運が僕に向かなかったとしても、100戦して100回僕が勝つ。

ここにも運、不運は存在するが、実力や知識量に差がありすぎるため、問題にならないのだ。

ということは、多くの人が見つめている大きな大会のファイナル、なんていう局面は、実はかなり運任せなのだ。勝つこともあるし、負けることもある。勝てば嬉しいし、負ければ残念と思うけれど、でも、運に大きく左右されるのだ。

特に問題になるのは、不運の時だろう。最後の最後、決勝まで行ったのに、運が向かなくて負けてしまった。経験のない人なら、そんなことがあっていいのか、そんな展開が許されるのか、思わず熱くなってしまうだろう。

でも、僕はそうは思わないのだ。終わってしまえば、ああ、不運だったな、残念だったな。ただそれしか思わなくなった。

実をいうと、僕も昔は地団駄を踏んでいた側の人間だ。通常の検証、反省以上に自分の不運を呪った。

しかし、成長を続けることで、仮にあるゲームで自分が現時点での能力を出し切り、ミスをしないで戦ったとしても、完璧なパフォーマンスをしても、運が向かなくて負けることを知った。それは、現象として当たり前に存在する。

だから、何とも思わなくなった。

思えば、道を歩いているだけで交通事故に遭うリスクはある。交通ルールを守り、周囲に気を使っていても、何の落ち度もないのにアクセルとブレーキを踏み間違えたクルマに跳ね飛ばされることだってありうるのだ。

同じような例はどこにでもある。どんなに相手を愛しても、必ずしも相手も自分を愛してくれると限らない。睡眠時間を削り、家族を犠牲にし、人間関係を絶ってまで頑張ってきた仕事がうまくいかないことだってあるだろう。

世の中は、思い通りにならない。むしろ運に左右されないほどの圧倒的な実力差があるような状況のほうが、特殊なのだ。

特に勝負の世界では、頑張ったから勝てるはずだ、という発想はおごっているし、危険だと思う。自分がどんなに頑張ろうと、レベルが上がれば上がるほど、つまらないことで無慈悲に負けさせられる。それをいちいち真正面から受け止めると、自分の精神状態が不健全になる。

幸運で勝ってもおごらない

人間は不思議で、不運で負けた時には比較的運を意識しやすいのに対して、幸運に恵まれて勝ったときは、自分の実力だと過信しやすい。

僕は反省が好きだし、気持ちいいと感じている。成長に直結している実感があるからだ。プロ・ゲーマーとしては、試合の結果が勝ちであろうが負けであろうが、しっかり反省して成長につなげていきたいところなのだ。

それでも、たとえ幸運の力を借りていようと、やはり人間だから勝てば嬉しくなる。そして不安が薄くなり、反省に気が向かなくなる。

だから僕は、勝った時、特に幸運で勝利を手に入れた時ほど、意識して自分を戒める。自分の実力で勝ったと思い込んでいる要素も、実は運が向いただけなのではないかという視点で検証する。おごりを抑え、本当は反省しなければいけない要素を見逃さず、確実に成長につなげていくためのテクニックだ。

もっとも気をつけなければならないのは、大きな大会での優勝だ。大勢が集まり、大画面で相手を倒して、話し声が聞こえなくなるくらい大きな拍手と賞賛を浴びる。さすがに嬉しいし、お酒もうまい。

でも、そうした最大級の勝利においても、余韻は極力引きずらないように気をつける。なぜなら、一気に自分本来のペースを乱してしまうリスクがあるからだ。

毎日淡白な味のものばかり食べているのに、突然めちゃくちゃに味の濃い、しかもこの世のものとは思えないほどうまいごちそうを、フルコースで目一杯食べさせられるのが、大きな大会での優勝だ。少し反芻《はんすう》したら反省を始め、そしてできるだけ早く、いつもどおりの自分のペースに戻し、持続的な、マイペースの成長を続けられるよう調整する。そうしないと、いつまでたっても舌が大味に慣れてしまい、いつもの小さな変化を見逃すようになってしまうからだ。

幸運が爆発して大勝利を収めたら、天国に連れていってもらえて、死ぬまで保証された幸福感が与えられれば、僕だって飽きるまでお酒を飲んで騒ぐだろう。

でも、現実はそうではない。勝ち続けているからこそ、時に幸運が重なって大きなタイトルも取れる。勝ち続けられなくなれば、もうそのステージに上ることすらできなくなってしまうのだ。

勝っても負けても泣かない理由

僕は大きな大会で優勝しても、あるいは優勝を逃しても、涙を流すことはない。というより、その手のシーンで泣くほど心が揺れるのはよくないと思っている。

まず、今までも述べてきたとおり、高いレベルでの勝ち負けは運に大きく左右された結果である。たまたまその時力が出せなかったのも、最高のパフォーマンスができたのも、広い意味では運のうちだ。

だから、結果としての勝敗そのものは、それほど重要視するようなものではないと思うし、重要視してはいけない。

負けたことが理由で極端に落ち込む人は、負けたことによってその人の人生すべてが否定されたと思っているのだろうか。たまたま運が向かなくて報われなかったが、では毎日続けてきた努力はまったく無価値になったのだとでも考えているのだろうか。

僕なら、今日の試合に勝とうと負けようと、ここに至るまでの自分自身の価値が変わるとは思わない。そして明日は今日より成長する。今日の結果には左右されない。

だから、まったく落ち込みはしないのだ。

スポーツの世界では、オリンピックが典型的だろう。周囲の期待を背負い、マスコミに焚《た》きつけられ、問題はメダルの色だなんて騒がれる。しかし結果はメダルに届かなかった。申し訳なさそうに謝り、どん底まで落ち込む。涙を流す人もいる。

でも僕は、「じゃあお前は、本当にそれだけの存在なのか?」と問いたい。

アスリートでもプロ・ゲーマーでも、もちろんビジネスパーソンでも、どんなに情熱をかけていようと、そうした肩書きはあくまでその人の一部でしかない。

大切な家族。仲の良い友達。その他の興味や趣味。まだ出会ってもいない人や分野。そのすべてを差し置いて、運に左右されるような一時の勝負に勝った負けたで、人生の敗者になったような、あるいは二度と復活できないような失敗をしたかのような気分に、どうしてなれるだろうか。

僕は問いたい。敗者になったことをいつまでも悔いている人は、将来他人が、自分の大切な人が同じように敗れた場合も、かつての自分と同じように「敗者」と決めつけるのだろうか。

人生は、コインの裏表で決まるようなギャンブルではない。

もっと細かい、もっと持続的、継続的なところにこそ、本当の勝利はある。

大舞台で緊張しない方法

この話の裏返しになるが、僕はどんな大舞台でも緊張らしい緊張はしない。大きなタイトルがかかっていても、勝負はしょせんその場限りだとわかっているからこそ、あまりプレッシャーは感じない。それよりも、日々成長できていることのほうがずっと大切だからだ。

時々、ひどく緊張しているプレーヤーを目にすることがある。そして、大概は実力の何割かしか発揮できずに敗れていく。

彼の本当の問題は、緊張していたことでも、あるいはたまたま不運で力が発揮できなかったことでもない。表面的な大舞台を、自分の人生を左右しかねない場だと過大に解釈してしまった結果、普段の自分に対して持っているはずの自信が吹き飛んでしまっているのだ。

だから、緊張に対して直接的に対処する方法はない。大舞台の1日よりも、毎日毎日成長し続けられている自分に、心から自信と満足感、そして幸福感を持っていれば、結果として緊張しなくなる。

僕が大舞台に強いのは、それを知っているために、心に余裕があるからにすぎない。負けても別に自分の価値は変わらないことを、何よりも自分自身が一番よくわかっているからだ。そして、その余裕がプレーの余裕になって現れるのだ。

だから、突然その大会に敗れたら連行され、生命を奪われるなんてことになったら、僕もあっという間にガチガチになってしまうだろう。

感情をコントロールする必要性を理解する

今回僕が詳しく述べたいと思っているのは、「ネガティブな感情をコントロールすることの必要性」だ。

これは、目先のパフォーマンス向上だけでなく、最後は直接幸福感を上昇させるための、勝ち続けるための原動力になるのではないかと思うのだ。

まず、大前提として、ネガティブな感情の発生そのものは抑えられないことを知ってほしい。悲しいことが起きれば悲しくなる。嫌なことに直面したら気分が滅入《めい》る。理不尽なことに接すれば、頭に来るし腹も立つ。それ自体は抑えられない自然な現象だ。

だから、そうした負の感情をコントロールすることが大切になってくる。

したがって、ここでいうコントロールとは、悲しむな、腹を立てるな、ということではない。表に出さないようコントロールしようということなのだ。感情を表に出す基準を変化させてみる、という言い方でもいいだろう。

一方で、ポジティブな感情はそれ自体が幸福感に直結するだけでなく、さらに自分の成長を促すことで、より幸福感を高める効果を持っている。面倒くさいと思いながら、あるいはニュートラルな感情で1時間練習するのと、心から楽しいと思いながら同じ時間練習するのとでは、成果そのものがはっきり変わってくる。

しかし一般的には、あくまで「何分頑張ったか、何時間練習したのか」という測り方しかしない。仕事も勉強も、同じだと思う。この発想には、落とし穴がある。

そこにスポットを当ててみたい。

自分の中に、もうひとりの自分を設定する

今、何もせずただ座っていただけなのに、突然頭を叩かれたとしよう。

当然、さまざまな感情が湧いてくるはずだ。

ちょっと何するんだ！ なんか自分が悪いことをしたのか？ この人おかしいんじゃないか？ やられたらやり返せ！

こうした感情は、理屈ではない。僕たちが暮らしている社会では、理由もないのにいきなり他人の頭を殴ったりはしないから、反射的に動いた感情を、社会的な常識に当てはめ、何らかの理由を探して理解し、適切と思う反応を始める。これは習慣とか文化、そしてそれに基づいた取り決め、癖に近いことだ。

そして、感情はすぐに身体に伝わる。表情は曲がり、身体は攻撃を避けようとするし、手は頭をカバーし始める。

僕の提案は、身体の反応を意識的に変えようということだ。

いきなり頭を叩かれて、とっさに頭に来る。そこまでは防げないが、そこから怒りの感情を表に出さないようにする。表情を変えないようにするのだ。

今度は、格闘ゲームでたとえてみよう。対戦が始まったのに、相手はずっと防御の体勢を取ったままで、一切前に出てこないとする。

これでは、そもそも格闘が成り立たない。どうしたんだろう？　使い方を知らないのか？　と思ったりするし、早く戦いたくてウズウズしている人は、何やっているんだ、あいつ、ずっと守りやがって、早く攻めてこいよ、と腹を立てるはずだ。断然イライラしてしまう。

だが、こうしたネガティブな感情を持っていると、当然にパフォーマンスは下がってしまう。イライラしている分、思考が乱れ、集中力も削がれてしまうからだ。

つまり、そういう感情を持ってしまっている時点で、もう不利なのだ。相手は何もしないまま攻撃を仕掛けているも同然になる。

考える前に行動すると感情を支配できる

防御ばかりで前に出てこない相手を見たら、たとえ何やっているんだ、あいつ、という気持ちが湧いたとしても、表には出さないようにする。多少いらついても、態度には出ないように、落ち着いて見えるように心がける。

すると、不思議なことが起きる。

何度かこうしたことを繰り返すうちに、そもそも本当に腹が立たなくなってくるのだ。

最初のうちは、一瞬腹が立つという感情が頭の中に起きたとしても、体を使っては、あるいはコミュニケーションとしては、いらだちを表現しないようにする。すると、不思議に心そのものが穏やかになってしまうのだ。

僕がこの法則を発見したのは、格闘ゲームを始めたばかりの頃、別の目的での作業からだった。

僕はゲーム中の自分の表情から現在の状態を悟られまいと、感情をできるだけ表に出さず、ポーカーフェースに徹していた時期がある。

これはあくまで、自分の心の中を読み取られないためのテクニックだ。決して心を穏やかにすることを目的にしていたわけではない。

ところが、ポーカーフェースを装っているうちに、どうしたものか、本当に感情そのものが穏やかになり、いちいち腹が立たなくなったのだ。

この「仕組み」は、もっと日常的な習慣にも起きるし、同時に応用も可能だ。ぐっと身近な例をあげよう。

毎朝ポストに届く新聞を取りに行かなければならないとする。ちょっと考えただけで億劫《おっくう》だし、面倒だ。

しかしいつまでも放っておいたら新聞は読めない。翌日までそのままにしてしまうと新聞がゴミと化すだけでなく、次の日の新聞が入らなくなってしまう。仕方ない、面倒だけど取りに行こう、という流れを経て重い腰を上げる。

ところが、そういう感情をすべて飛ばして、とにかく何も考えず、すぐに新聞を取りに行くことだけを習慣づけてみる。朝起きたら自動的に、条件反射的に行動すると決めてしまう。

すると、毎日毎日繰り返しているうちに、そもそも面倒くさいという感情が湧かなくなってくるのだ。

自分は自分に影響される

頭や感情は、フィジカルなこととつながっている。普通は頭や感情によって身体が制御されているのだが、こうした方法によって、反対に身体から頭や感情を慣らしていくことができる。

一方で、例えば「○○になりたい」という思考は、誰にも、何回でもできる割に、いくら頭の中だけで繰り返してもそのことによって直接自分が変わるわけではない。しかし行動は、それを繰り返すことによって、自分の思考回路そのものを、必ずといっていいほど変えることができてしまう。そして、考え方や性格までコントロールできるようになる。

今の僕は、たとえ相手が防戦一方で攻めてこなかったとしても、その表面的な事実を認識するだけで、腹は一切立たない。

そしてそれは、少なからず勝負には有利に作用しているのだ。

同時に、「自分の性格を直したい」、あるいは「〇〇な自分になりたい」と思ったら、まずはその行動を繰り返してしまう。

優しくなりたい、穏やかになりたいと願うなら、取りあえず優しい人、穏やかな人がする行動を、とにかく繰り返し繰り返し実践する。

電車で席を譲る人を見て、偉いと思うと同時に、自分には勇気がなくてそうできないと思う。ところが次からは、同じシチュエーションが来たら反射的に譲るようにする。

すると、自分が自分の行動に影響を受けて、当初思った通りの性格になっていく。優しく、穏やかな自分になっていく。

さらに、第3章で述べた「反復と分解」との組み合わせが有効になる。何もゲームの技術を上げるためだけの方法ではないのだ。

僕が自分の攻撃的な性格に悩んでいた時、性格は変えられないにしても、せめて人から攻撃的な人間だと見られるのは避けようと考えた。

そこで、自分が攻撃的であることがどういった形で相手に伝わっているのかを、分解的に考えてみた。人から言われたり、人に聞いたことも参考にした。

その中で、かつて人から「お前に早口でしゃべられると攻撃的に見える」と指摘されたことを思い出した。その当時は、なぜ自分の話し方でいちいち人に干渉されなければいけないのか、腹を立てたものだった。

そこで、とにかく反射的に、義務的に早口を改め、意識してゆっくり話すようにした。少しでも相手から攻撃的な印象を取り除ければいい、という一心だった。

すると、早口をやめたことで、そもそも人を攻撃しようという気持ちが薄くなっていった。あれっ、どうしちゃったんだ？　と思うくらい、心が穏やかになった。

だから、最初は嘘だと思って、かっこつけたいなどという動機でもいいから、とにかかく始めてみるといい。僕は経験的に行動から感情をコントロールできることを知ってから、あらゆることに応用できるようになった。

外からの評価をどう扱うか？

自分がプロ・ゲーマーとして名前を知られるようになると、必然的について回るのが外からの評価だ。賞賛も批判も含め、メディアやネット上でさまざまなコメントをつけられる。

もっとも最近は、ＬＩＮＥやＴｗｉｔｔｅｒ、ＦａｃｅｂｏｏｋなどのＳＮＳ（ソーシャル・ネットワーキング・サービス）の広がりによって、一般の人でも、批判や誹謗《ひぼう》にさらされることがあるから、決して「有名税」などとは言っていられない。それらへの対処方法を考えてみよう。

僕はすでに述べたとおり、自分の成長を判別するのは自分の「内的な評価」であって、外的な評価に依存しないことを知っている。

だから、外野からいかに批判されようと、基本的な対応は決まっている。言葉は悪いけれど、「知るか、バカ」ということだ。

どうして僕がそう割り切れるかというと、実は以前は、人の評価を気にしていたからだ。人の目を気にしすぎるあまり、自分の発想や行動までが制約されてしまう。何とかしなければいけないと思っていた。

克服法を結論からいえば、行動で感情をコントロールする方法に近い。一言でいえば「慣れ」だ。

最初は外部の批判に対して防御する。直接言い返さないまでも、自分の心の中では反論を構成してしまう。

批判を受け止めてしまうことの本質的な問題は、「自分がいけない気になってしまうこと」だからだ。それは成長を邪魔する。

だが、どうせ相手は大して考えて批判しているわけではない。決して見下しているのではなく、僕に関して、僕以上に時間をかけ、必死になって考えている人はいないからだ。だから、批判を受け止めることそのものをやめてしまうのだ。

すると、それこそ卵をぶつけられようと気持ちが変わらないように、何も影響を受けなくなる。ぶつけたければ、書きたければどうぞ、というくらいの気持ちになれてしまう。

高い評価をいただいた時も、実は同じだ。プレーや実績を賞賛される。あるいは前作や、今回の本を読んでほめていただく。嬉しく、ありがたいことだ。

でも、そのまま受け取らないように気をつける。

良い結果の中にも、本当はミスや反省点がある。いい気分になるとそこを見逃してしまい、やはり成長を阻害する。

また、すでに述べたとおり、ほめられた分だけ落下、つまり批判のエネルギーが溜まっていることも知っておかなければならない。いつか必ず反転する、くらいに考えていてもいいくらいだ。

人前に出るようになれば、誰もが認められることもある一方、誰もが叩かれることもある。そこには、いいも悪いもない。

しかし、それと自分がやらなければいけない成長の持続は、完全に切り離して考えるようにする。ただし最初は慣れることが必要だから、ちょうど盲腸の手術をするように、一度痛い目に遭ってみる必要があるかもしれない。

安心を得るために孤独を避けない

勝ち続けるメンタルを考える時、絶対に避けて通れない道がある。それは「孤独に耐える」ことだ。

成長を続け、勝ち続けている人は、少なくとも一時的には、必然的に孤独になる。だから、トータルで見れば良い変化のひとつの過程でもある。正しいステップといえる。

しかし、多くの人は孤独そのものに耐えられなくなる。確かにひとりぼっちはさみしい。人とつながりたくなる。

でも、踏ん張りどころは、そこにある。

僕は、他人を尊重することと同時に、人と一緒にいることで安心してはいけないと強く自戒している。

群れていることそのものには、成長の持続、勝ち続けることに対しての価値がない。その場の安心はむしろ成長を鈍化させ、しまいには成長することをためらわせる。

仲間の中でひとりだけ成長すれば、もう仲間ではいられないからだ。その恐怖を感じるからこそ、孤独を恐れると自分で成長することをやめてしまうのだ。

その場の孤独を埋めるために群れるか、自分の成長の持続を大切にするか。この二つの選択肢は、同時には満たせない。だから孤独と感じていることは、成長している限り正しい。同時に、ある集団で仲間で居続けることを優先し、成長をやめることは、結局全員揃ってゆるやかに自分たちの価値を落とし続けていることにほかならない。

一見群れているほうが安心なようでいて、実は中長期的にはまったく安心が得られないのだ。

SNSの普及は大変なものがあるが、正直に感想を述べると、当たり障りのないやり取りを高い密度で繰り返したところで、ただ群れているだけで何の成長にもつながらないのではないかと思う。

連絡手段、コミュニケーションツールとしては確かに優れている。しかしその中でやり取りされるコミュニケーションが、結局仲間内での群れの確認、仲間はずれになっていないことの確認作業のための、ほとんど意味のない、思考の伴わないじゃれあいなのだとしたら、結局は成長のない、そして逸脱を許さない「群れ」の状態を、ただネット上で再現しているだけなのではないだろうか。

ＬＩＮＥが楽しい、Ｔｗｉｔｔｅｒやｆａｃｅｂｏｏｋにハマっている、というのは、それ自体は問題ない。でも、問題はそこでのやり取りの中味に、自分を成長させる価値があるかどうかだ。

そこでつながっている人の顔色をうかがうあまりに自分の意見を殺し、自分の考えをなくしていくのであれば、それは成長をやめていることの現象そのものだ。特に、せっかく本当に必要な、大切な孤独を得ようとしている時に、ＳＮＳに簡単に逃げることは避けておいたほうがいい。

孤独は確率論的にも避けられない

大人になり、プロと呼ばれる仕事をするようになっていっそう強く感じるようになったのは、そもそも好きなものを追いかけ始めた以上、確率論的に孤独は避けにくいということだ。

子どものコミュニティは、近所付き合いと学校のクラスくらいしかなく、しかも両者は重なる部分も大きい。仲間の形成は、そうしたとても狭い範囲の中で起きることだ。

では、10歳の僕が格闘ゲームに本気で取り組んでみようと考える。寝ても覚めても格闘ゲーム、頭の中はどうすれば格闘ゲームで強くなれるかの一色という状態になる。

そのタイミングで、同じように格闘ゲームに燃え、成長に邁進《まいしん》している小学生が、どのくらいの確率で周囲にいるだろうか。

もちろん、いる可能性を否定はしない。影響を受けることだってあるかもしれない。しかし、結果としてプロに行き着くような過程にある人のレベルで好きと言い切れる人が、近所や同じクラスにいる確率は、極めて低い。

だから、好きな世界で成長を追いかけ始めたら、そうした原始的なコミュニティの中で「浮いてしまう」のは、もはや必然だ。そういうものだから、受け入れるしかない。そこは戦わなければいけないと思う。

こうした場合、孤独に耐えられない人は、みんなが平均的に好きなことに、平均的に取り組むということになる。みんなが野球をすれば野球をする。雨が降った時だけゲームをする。中学校に上がれば手のひらを返してサッカーに行く。それらは野球やサッカー、ゲームが好きなのではなく、ただ仲間はずれにされたくないために、みんなと付き合うために、そして他人が逸脱しないよう監視するために、行動を合わせているだけなのだ。

野球やサッカーのような、子どもに一般的に人気のある世界であっても、将来プロになるような才能を持っていれば図抜けてうまいはずだ。少し手加減でもしなければ、連戦連勝になってしまう。

成果を目の当たりにすると、妬みが始まる。それは孤独を招いてしまうが、それでも自分の成長を大切にするなら、受け入れなければいけないのだ。

『勝ち続ける意志力』にも書いたとおり、99・9％の人は勝ち続けられないのだ。だから、0・1％の人たち同士が出会わない限り、基本的には孤独を抜け出すことはない。

成長を目指し、勝ち続けようとする人は、世間との対立から逃げられない。そして、逃げてもいけないのだ。

孤独に耐えたからこそ得られる人間関係がある

孤独歴が20年近い僕の経験をいえば、孤独には慣れることができる。

それは、自分を信じられるようになり、自分の成長を感じ、自分への愛情、自分による自分自身の評価が上がれば上がるほど、孤独への恐怖を感じなくなっていくといえる。

世間や周囲に、お前は変だ、お前はダメなやつだ、お前なんて大したことないと言われる。それが孤独を表す具体的なシーンなのだとしたら、それに対して、自信を持って「絶対にそうじゃない!」と言い切ることができるかが重要だ。もし中途半端な努力や思いしかなければ、そこで自信がなくなってしまう。

そして、本当に自信があれば、実際に言い返す必要性を感じなくなる。そうなれば、後はただ成長を続けていけばいい。

今の僕は、よくぞ孤独に耐えて頑張ったなと自分をほめてやりたい気持ちでいっぱいだ。そして、その「ご褒美」を受け取っている。

それは、0・1%の人たちとの出会いだ。意地を張り通し、孤独に耐え抜いたからこそ手に入れることができた、本物の人間関係だ。

孤独に耐え続け、成長し続ければ、最後は孤独ではなくなるのだ。

0・1%の世界では、何の世界で頑張ってきたか、有名であるかどうかは関係がない。0・1%同士にしかわからない、しかしどこかのお店で偶然会った知らない人であっても少し話せばわかる世界を「共有」しているのだ。

いろいろな表現がある。戦っているジャンルや分野独特の考え方の違いがあるからだ。でも、ダイレクトにはわからないからこそ、かえって参考になる。自分が考えてきたことを刺激して、新しい価値を生み出してくれる。

表面的な群れに妥協せず、孤独に耐えて頑張ってきたからこそ得られた関係があるのだ。

いつ報われるかなんて、考えなくていい

では、いったいいつそんな時期が訪れるのだろうか。

もし中学生の頃の僕が、この本を読んで今の僕に聞いてきたとする。もちろん今の僕には完璧な答えがわかる。

「そうだな。まあ、だいたい15年くらいかかる。あ、あとその間に一度格闘ゲームを諦めて麻雀の世界に行って、そこでも悩んで介護で働いて、もう一度ゲームに戻ることになる。報われるのはその後だよ。頑張れよ」

中学生の僕はこう言い返すに違いない。「15年もかかるのかよ！」

そして、たぶんゲームを放り出してしまっただろう。

努力すること、成長を続けることは、それ自体が幸福感に直結している。だから、成果を求めてはいけないし、成果が必ず出るなんて考えるのはおごりそのものだ。

したがって、いつ成果が出るかを考えるのも、いつまでにどんな成果を出そうかと考えるのも、今の僕にとってはおごりにしか思えない。実際にはありえない未来の僕と会話をした中学生の僕は、おごっていたのだ。

今成長を続けている人、これからしてみようと考えている人に僕が言えるのは、「厳しい期間は、思ったより長い」ということだ。

しかし確実なのは、成長しなければ何もなく、幸福感も得られない、ということだ。だから諦めない限りは、「たぶんこの道は長いんだろうな」と思いながら、自分のペースで進んでいくことなのだ。

そして、目に見えない先のことを怖がってみても仕方がない。そんなものは、これから運によっていくらでも左右されてしまうのだから、考えれば考えるほどかえって不健全になってしまう。

むしろ安心感や充実感は、ずっと成長し続けていることだけによって得られる。今成長し続けていれば、きっとこの先だって大丈夫だ。

そしてそう思えることそのものが幸せのかたちだと思う。それこそが報われている状態なのだ。

限界があることを知るたび、穏やかになっていく

僕の性格が年々穏やかになったのには、ほかにも理由があるように思う。

それは、苦手としていたものを片づけ、余裕が出てきたからであり、また、自分には限界があると悟ったからだ。

昔の僕は、格闘ゲームに関してなら自分が一番強いと思っていた。事実、14歳で国内に敵はおらず、17歳で世界一になった。

正直、「俺は神だ」くらいに思っていた。

でもそれは、ゲーム以外の自分が抱えているコンプレックス、本質的な自信のなさが生み出しているお化けのようなものだった。

自分には欠けているものがある。自分だけにはその事実が隠せない。でもゲームなら誰にも負けない。だから誰にも負けないゲームを前面に出して、苦手なことは隠していこう……20歳過ぎまでの僕は、そんな人間だった。欠けている人間だという意識が強かったからこそ、今よりもずっと攻撃的だったと思う。

それが自分を滅ぼすことを知ったのは、カプコンのオフィシャル大会で、4連覇を目

指して戦っている時だった。

３連覇でも快挙と騒がれたのだ。４連覇すれば、「神」を超えられるかもしれない。勝つか負けるかではなく、どう勝つかが問題だ。そんな思いで自分を追い込み、成長に一番必要な楽しさを気にかけなくなってしまった。

結果は惨敗だった。自分で自分をつぶし、最後は胃まで壊した。

でも、この時がもっとも攻撃的な性格が緩和されたポイントではなかったかと思う。自分にも、そして誰にでも限界はある。少なくとも現時点においては。「神」などと言っている自分は、そういう気持ちを理解することができなかったのだ。

僕はあくまで、成長を続けるのは自分の幸福感のためであり、幸せを感じない成長は無茶だと強調しておきたい。

人に対して、胃を壊すくらいまで自分をいじめれば限界が見えて丸くなれる、なんて言うつもりはないけれど、今考えれば、貴重な経験だったと思う。

今しかできないことが必ずある

僕は1年半ほどの時間を、介護施設で働きながら過ごした。そこで得たことの中でもっとも大切なのは、「今しかできないことがある」ということだ。

介護施設には、人生の終わりが近づきつつあるお年寄りが集まっている。僕が担当していたのは、もっとも要介護度の高いお年寄りだった。

3分の1くらいは意思の疎通ができない。それ以外の人たちも、話したことを、次の日、あるいは5分後には忘れている。普通に歩ける人は全体の2割くらいしかいなかった。

体を起こし、肩をさする。下のお世話もする。それ自体は僕は苦にならなかった。将来への不安はあったけれど、僕はまだ若かったから、身体を動かすことが楽しかった。

しかしある日、自分もいつか彼らのようになる、という当たり前の事実を、実感した瞬間があった。

学校の先生や、先輩に当たる人たちは決まって「若いんだから、今しかできないことをしろよ」とか「後悔するなよ」という。僕はそれまで、自分の好きなことを目一杯やってきたから、正直この言葉は心に響かなかった。やっているよ、余計なお世話だ、という気持ちだった。

でも、何も話すことのできないお年寄りが、僕に同じことを語ってくれているような気がしたのだ。

「あんた、今しかできないことをしておきなさいよ。いつかはこうなるんだから」

この時初めて、僕はこの言葉を実感した。できないことだらけになってしまい、介護施設にやってきたお年寄りたちが、もっとも鮮明に教えてくれたのだ。

今しかできないこと、今しか感じられないこと。今しか考えられないこともあれば、今しか味わえない幸福もあるだろう。

プロ・ゲーマーへの誘いを頂いた時は、正直迷った。

しかし、どちらが後悔しないかを考えた時、結局、介護施設で学んだ「今しかできないことがある」に励まされた。

この先どうなるかなんてわからないけれど、とにかくやろうと思うことができた。

結局「死にはしない」

その頃から、頻繁に僕の頭の中で繰り返されている言葉がある。

「大丈夫大丈夫。死にはしないよ」

これは、僕の両親、そして梅原家で何かあった時、頻繁に口に出てくるフレーズだ。

僕の父は病院で働いていて、母は看護師だ。きっと両親がこう言っていたのは、僕が介護施設で経験したことよりもずっと長く、そしてずっと重い経験から生み出された言葉に違いないのだ。

特に僕の母は、一度「死んでいる」。結局間違いだったのだが、一度は死に至る病と診断され、死を覚悟し、死への準備をし始めた経験がある。説得力があるのだ。

僕もこれから成長を続けるし、読者の皆さんもさまざまなチャレンジをするだろう。

でも、結局死にはしない。おそらく最悪の線は、死よりは手前に引かれている。

思えば死なないでいることは本当に素晴らしい。夏の日、カラカラに渇いた喉を潤す水の冷たさ。お腹がすいた時に食べる喜び。死と比較したら、どんなに幸せで、嬉しいことだろうか。

それを知っているのなら、一生懸命やった結果が負けでも構わない。生命まで取られないのはもちろん、結局そこから成長を引き出していけば、幸福に直接つながる。

その姿は、勝ち続けている姿そのものだ。

幸福な気持ちを抱えて成長し続ける姿。それこそが勝ち続けることの本質だ。

この本を読み終えたら、ぜひそれを実感する方向に動き出してほしい。僕は僕の経験から汲み取った僕の言葉しか伝えられない。同じように、皆さんにもこれから皆さんにしか味わえない成長や幸福感がある。絶対にあるはずだ。

あとがき

今後の進む道を聞かれることがあります。

今の僕は、先のことはほとんど考えません。せいぜい、2カ月くらいです。次の季節に自分がどうなっているのか、自分でもびっくりするくらい気にしません。よくいえば破天荒。悪くいうと先を見通す力がなくて、無頓着。でもそんな性格だから仕方がありません。


しかし、この性格のおかげで、僕は成長し続けられたと思います。

今日は、1分深く考えればよしとする。明日1分30秒考えればなおいい。できる人から見たら、亀にも劣る足取りかもしれません。でも僕はずっと成長を感じ続けられたし、そのペースを崩さなかったおかげで、今も世界一のプロ・ゲーマーであり続けています。

そして目一杯幸せを感じているからこそ、まだまだ自分が成長できる気がします。

だから、これからも格闘ゲームの世界で生き続けたいと思います。

少なくとも、若いゲーマーに負けたくはありません。お前らの「勝つ」と俺の「勝つ」は違うぜ、というところを見せつけていきたい。

そしてファンの皆さんには、梅原大吾にしかできないプレーを見せて、びっくりさせていきたいと思っています。

もちろん、いつかはゲームをやめる時が来るかもしれません。格闘ゲームが衰退することも、可能性としてはあるでしょう。ゲーム会社、そしてクリエイターの皆さんには、どうかこれからも格闘ゲームファンを熱くさせる、素晴らしい作品を送り出してくださることを期待します。

万が一僕が格闘ゲームをやめて、何らかの世界に再び新人として飛び込んだとしても、もうかつてのようなことはないと思います。頑張り方、成長の方法、そしてそれを幸福と結びつけることの意義を知っているからです。

最初のうちは恥をかくでしょうし、できないことだらけで苦しいかもしれません。

でも、ここまで頑張ってきたおかげで、それが「怖いことではない」ことが、体感的に理解できました。あっちにぶつかり、傷だらけになっても深く考え続けることのほうが、後から自分の力を大きく引き出すことを僕は知っているのです。

だから、きっとどこでもやっていける。

きっと死ぬまで、僕の成長は続きます。

成長は、死ぬ瞬間まで続けられるのです。なんと嬉しいことだろうかと思います。

だってこの先、死ぬ瞬間まで、僕はずっと幸せでいられるのです。

編集協力／増澤健太郎、牧野 倫

梅原大吾

うめはら・だいご
1981年青森県生まれ。日本人初のプロ・ゲーマー。14歳で国内最強となり、17歳で世界大会に優勝。2010年4月にはアメリカの企業とプロ契約を結ぶ。同年8月「世界で最も長く賞金を稼いでいるプロ・ゲーマー」としてギネスに認定される。ゲームへの思いや勝負哲学を自らの生い立ちとともに綴った初の著書『世界一プロ・ゲーマーの「仕事術」　勝ち続ける意志力』（小学館101新書）は、ゲームファンのみならず、多くのビジネスパーソンからも高い支持を受けている。

小学館新書 181

勝負論　ウメハラの流儀

二〇一三年十月六日　初版第一刷発行
二〇一三年十一月六日　第四刷発行

著者　梅原大吾
発行者　石川和男
発行所　株式会社小学館
〒一〇一―八〇〇一　東京都千代田区一ツ橋二―三―一
電話　編集：〇三―三二三〇―五一一七
販売：〇三―五二八一―三五五五

印刷・製本　中央精版印刷株式会社

 ISBN 978-4-09-825181-0